상상미디어

글 **강건욱**

미국 보스턴대학교에서 생물학을 공부하고 대웅제약과 한국릴리에서 근무했어요. 지금은 폴루스라는 바이오 제약 회사에서 품질 업무를 담당하고 있어요. 바이오의약품을 다루어 오면서 어린 친구들에게 바이오 산업을 소개하고 싶었고, 앞으로도 중고등학생과 취업 준비생을 위해서 바이오 산업과 관련된 책을 출간할 예정이에요. 또 제약 산업을 조금 더 깊이 있게 공부하기 위해 연세대학교 약학대학원 석사 과정을 앞두고 있어요.

ⓒ 강건욱 2021. Printed in Seoul. Korea

2쇄 | 2022년 1월 1일

지은이 | 강건욱
펴낸이 | 김혜라
그린이 | 박미희 & Ashton Kang
기획 총괄 | 조동환(헬스컨슈머 대표)
감 수 | (사)건강소비자연대 품질검증단 총재 이범진(아주대 약대 교수),
김미란(아주대 의대 교수), 박진호(전북대 수의대 교수), 손동환(계명대 약대 교수),
엄애선(한양대 식품영양학과 교수), 정은주(경성대 약대 객원교수),
정재훈(삼육대 약대 교수), 조동환(보건학 박사)
디자인 | 최진영
펴낸곳 | 상상미디어
등록번호 | 제312-1998-065

주소 | 서울 중구 퇴계로30길 15-8 **전화** | 02.313.6571~2 **팩스** | 02.313.6570
이메일 | 3136572@hanmail.net **홈페이지** | www.상상미디어.com

ISBN 978-89-88738-83-2 73400
값 14,000원

잘못된 책은 구입하신 서점에서 교환해드립니다.
책의 글과 그림은 출판사와 작가의 허락없이 사용할 수 없습니다.

바이오와 만나는 첫걸음

바이오가 궁금해?

글 강건욱
그림 박미희, Ashton Kang
감수 (사)건강소비자연대 품질검증단

상상미디어

책을 시작하며

바이오 세상을 함께 만들어요!

바이오의약품, 바이오 디젤, 바이오 유산균, 바이오 센서, 바이오 식품 등 언제부터인가 '바이오'가 들어간 제품들이 우리 주변에 많아지기 시작했어요. 이번에 전 세계에 퍼진 코로나 바이러스를 예방하는 백신과 코로나에 걸린 환자를 치료하는 약도 바이오 기술을 활용해서 만들죠.

바이오가 도대체 뭐기에 이렇게 여기저기 다양하게 쓰이고 있는 걸까요?

바이오는 생물을 뜻하는 'Biology'와 기술을 뜻하는 'Technology' 두 단어를 합친 바이오테크놀로지의 줄임말로, 우리말로는 생명공학이라고 해요.

신약을 만들어 과거에는 고치지 못했던 난치병을 치료하고 우리 세포 속의 유전자를 분석해 병을 진단 및 예방하고, 줄기세포라는 만능 세포를 이용해 건강과 미용에 활용하기도 하죠. 뿐만 아니라 플라스틱이나 비닐 등 환경을 해치는 화학제품이나 자동차나 공장에서 사용하는 연료를 친환경 연료로 만들어 환경오염을 막는 일도 하고 있어요.

바이오는 병충해에 강하고 수확량이 많은 농작물을 생산해 고갈되어 가는 식량 문제도 해결해 주죠. 무한한 해양 자원을 활용해 우리 건강과 생활에 필요한 제품을 만들기도 하고요.

이처럼 바이오는 우리가 먹고 자고 입고 숨 쉬며 생활하는 거의 모든 분야에서 널리 활용되고 있어요.

바이오는 사람뿐만 아니라 환경까지 건강하고 깨끗하게 만들어 주고 있어요. 앞으로 바이오는 우리를 위해 더 많은 역할을 할 것이고 그 영역은 상상도 하지 못할 만큼 넓어질 거예요.

이미 세계의 많은 나라들이 바이오 연구와 개발에 뛰어들어 경쟁을 벌이고 있어요. 왜냐하면 앞으로 바이오 강국이 세계를 이끌어 가는 나라가 될 것이라는 사실이 명백하기 때문이에요. 전 세계의 나라와 제약 회사들이 코로나 백신과 치료제 개발에 뛰어드는 이유이기도 하죠.

우리나라가 더 부자 나라가 되고, 인류에 도움이 되는 나라가 되기 위해서는 바이오에 대해 반드시 알아야 하겠죠?

우리나라의 미래를 이끌어 갈 친구들에게 바이오가 무엇인지, 그리고 왜 중요한지를 소개하고자 이 책을 만들었어요. '바이오' 하면 왠지 어려울 것 같지만 절대로 어렵지 않아요! 쉽고 재미있게 설명했어요.

이 책을 통해 바이오에 관심을 갖고, 바이오 전문가의 꿈을 키우는 친구들이 많이 나왔으면 좋겠어요.

자, 그럼 우리 다 함께 신비한 바이오의 세계로 여행을 떠나 볼까요?

강건욱

Keonwak Kang.

차례

책을 시작하며

첫 번째 이야기. 어서 와, 바이오는 처음이지?

바이오야, 너는 누구니? 10
바이오는 어디어디에 있을까요? 14
바이오의 역사는 발효에서 시작되었어요 16
바이오 산업의 씨앗은 DNA라는 유전물질이에요 20
유전자와 DNA, 비슷하면서도 다른 이 친구들의 차이점은 뭘까요? 22
4가지 색의 바이오를 만나보아요 24

두 번째 이야기. 레드바이오, 인류의 진화를 이끌어요

레드바이오의 주인공은 바이오의약품이에요 30
신약은 절망에 빠진 환자들에게 희망을 선물해줘요 34
같은 효능의 약을 더 저렴한 가격으로 환자들에게 제공해요 38
바이오야~ 바이러스로부터 우리를 지켜줘! 40
유전자를 내 마음대로 바꿀 수 있다고? 44
유전자 복제로 똑같은 동물을 만들어요 48
줄기세포는 무엇이든 될 수 있어요 52

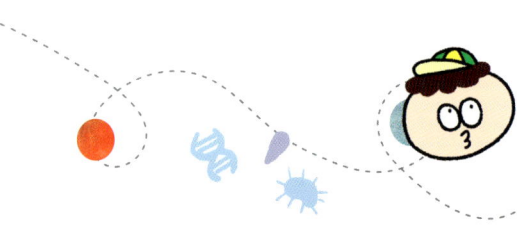

세 번째 이야기. 그린바이오, 72억 인구를 먹여 살려요

그린바이오의 시작은 녹색혁명이에요 60
사람과 환경에 해롭지 않은 농약도 있어요 64
병충해에도 끄떡없는 슈퍼 농작물을 만들어요 68
동물들을 위한 영양 만점 사료도 만들어요 72
금보다 비싼 씨앗이 여기 있어요 76

네 번째 이야기. 화이트바이오, 친환경 세상을 만들어요

석유 자원이 메말라 가고 있어요 84
쓰레기가 화석연료를 대체할 에너지 자원이라고? 88
바이오 연료로 무공해 자동차를 운전해요 92
옥수수로 플라스틱을 만들어요 98
친환경 섬유와 세제로 환경을 보호해요 102

다섯 번째 이야기.
블루바이오, 바다는 우리에게 무한한 자원을 제공해요

지구의 70퍼센트는 바다로 이루어져 있어요 112
해양 식물은 주목받는 친환경 에너지 재료예요 116
바다 생물로 아픈 환자를 치료해요 120
무한한 바다 생물로 넘치는 식량을 만들어요 124
친환경 생활용품과 친환경 화장품도 있어요 126

여섯 번째 이야기. 제 꿈은 바이오 전문가예요

대한민국은 제조업 강국이에요 130
바이오 전문가가 되고 싶어요 132

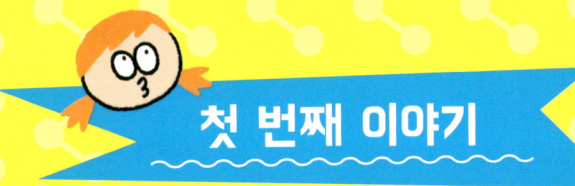
첫 번째 이야기

어서 와 바이오는 처음이지?

바이오야,
너는 누구니?

바이오 세계에 온 걸 진심으로 환영해요! 바이오는 앞으로 우리나라 뿐만 아니라 전 세계를 이끌어 갈 아주 중요한 산업이에요. 우리도 모르는 사이에 이미 생활 깊숙이 자리 잡고 있는 바이오는 과연 무엇일까요?

바이오는 **바이오테크놀로지(Biotechnology)**의 줄임말로, 우리말로는 생명공학 또는 생물공학이라고 해요. 생물이라는 뜻의 **Biology**와 기술이라는 뜻의 **Technology**를 합친 말이지요. **동물과 식물의 몸을 구성하고 있는 세포, 그리고 부모님으로부터 물려받은 유전자와 같이 살아 있는 생명체를 활용하여 우리 인류와 환경에 도움이 되는 기술을 의미하죠.** 생명이 없는 물질, 즉 무생물이 아니라 살아 있는 생물을 활용하기 때문에 매우 조심스럽게 다루어야 하고, 그래서 개발하기도 어려운 최첨단 과학기술이에요.

생물(Biology) + 기술(Technology) = 바이오(BIO)

BIOTECHNOLOGY

첫 번째 이야기. 어서 와, 바이오는 처음이지?

우리 주변에서 가장 쉽게 찾아볼 수 있는 바이오는 바로 약이에요. 바이오 기술을 이용해 만든 약을 바이오의약품이라고 하는데 유럽과 미국이 아주 강한 분야이지요. 하지만 **최근에 우리나라도 세계 바이오의약품 시장에서 가장 주목받는 다크호스로 급부상했어요.**

바이오의약품 말고도 바이오는 식품, 미용, 에너지 등 우리가 생활하는 데 없어서는 안 되는 모든 것들과 관련이 있어요. 바이오가 적용될 수 있는 분야가 매우 많고, 고부가가치 산업이기 때문에 너도나도 바이오 산업에 도전장을 내밀고 있어요. 고부가가치 산업이란 생산 과정에 들어간 노동과 돈에 비해 상품의 가치가 높게 평가되는 산업을 말해요. 한마디로 높은 수익을 창출하는 산업이에요.

전 세계의 많은 기업과 국가가 바이오 산업에서 치열한 경쟁을 벌이고 있답니다.

용어 사전

바이오의약품 : 살아 있는 생물을 사용해 만든 약. 즉 생명공학 기술을 이용하여 만든 의약품.

대한민국이 **바이오 최강국**이 되는 그날을 우리 함께 만들어요!

첫 번째 이야기. 어서 와, 바이오는 처음이지?

바이오는
어디어디에 있을까요?

사실 바이오는 우리 주변 아주 가까이에 있어요. 학교나 병원에서 독감 예방주사를 맞은 적이 있을 거예요. 독감 **바이러스**가 우리 몸속에 들어오면 바이러스를 무찌를 **항체**라는 무기가 필요한데, 바로 그 무기를 만들어 주는 것이 **백신주사**예요. 이 백신이 바이오 기술을 이용하여 만들어 낸 고마운 녀석이죠. 요즘 전 세계적으로 코로나 백신을 개발하고 있는데, 이 역시 바이오 기술을 이용하여 코로나 바이러스를 물리칠 무기를 만들고 있는 거예요.

'바이오' 하면 의약품하고만 관련이 있을 것 같지만, 생각보다 바이오가 하는 역할이 아주 많아요. 우리가 먹고 자고 입고 생활하는 데 필요한 식품, 생활용품, 연료 등 여러 산업에서 바이오가 활약하고 있어요.

바이오는 우리가 먹는 곡식과 열매, 미역과 생선 같은 수산물을 더 영양가 있으면서도 빨리 자라도록 할 수 있어요. 뿐만 아니라 환경오염의 주된 원인이 되는 플라스틱, 석유 등을 대체할 수 있는 친환경 에너지를 만드는 것도 바이오랍니다.

여기서 더 나아가 바이오에 IT 기술이 더해져 4차 산업을 이끌고 있답니다.

우리는 앞으로 바이오 세상에서 살아갈 거예요. 바이오는 우리가 상상하는 것보다 더 빠르게 발전하고, 더 많은 영역에서 우리의 삶을 변화시킬 거예요.

바이오와 친해지려면 바이오가 어떻게 시작되었는지 그 역사를 먼저 알아야겠죠?

바이오의 역사는 발효에서 시작되었어요

지혜로운 우리 인류의 조상들은 아주 오래 전부터 바이오를 생활 속에서 활용해 왔어요. 과연 언제부터 바이오가 우리 곁에 있었던 걸까요? 바로 원시 농경시대부터예요. 바이오는 첨단 과학기술이라면서 어떻게 아주 오래 전부터 있어 왔는지 이해가 안 되죠?

바이오는 더 맛있고 더 많은 양의 열매와 곡식을 수확하기 위한 인류의 생존 본능에서부터 시작했어요. **여러 가지 품종의 열매와 곡식을 재배해서 먹어 본 경험으로, 더 맛있고, 해충에도 강하고, 많이 열리는 품종의 씨앗을 골라서 심었어요.** 옛 조상들이 원하는 특성, 즉 인류에게 맛있고 풍족한 식량을 제공해 줄 수 있는 유전자를 가진 품종만 선택하여 재배하는 것도 비록 단순하지만 바이오 기술인 셈이에요.

조상들이 좀 더 편하게 일하고자 하는 욕구에서도 바이오가 적용된 경우를 찾을 수 있어요. **힘이 세고 길들이기 쉬운 가축을 얻기 위해 수컷 당나귀와 암컷 말을 교배해서 노새를 만든 것도 바이오에 해당하죠.**

인류가 **더 잘 먹고**, **더 잘 살고**, **더 오래 살고** 싶어서 해왔던 고민과 도전이 현재 바이오 산업의 출발이 되었다고 할 수 있어요.

생각했던 것보다 바이오가 너무 시시하다고요? No! 전혀 그렇지 않아요. 바이오의 진짜 시작은 이제부터니까요.

우리가 먹는 **빵**, **치즈**, **김치**, **두부**의 **공통점**이 무엇일까요? 그건 바로 **발효식품**이라는 사실이에요. 발효는 미생물이라는 눈에 보이지 않는 아주 작은 생물이 본인이 가지고 있는 효소라는 물질로 유기물을 분해하여 인간에게 유용한 물질을 만들어 주는 과정이에요. 발효 과정을 통해 만들어진 식품은 영양가도 높고 맛도 좋게 해요. 특히 음식의 저장 기간을 늘려 주기까지 하니 아주 고마운 존재죠?

여기서 잠깐

발효와 부패는 비슷하지만 달라요

발효와 부패는 모두 미생물이 가지고 있는 효소라는 물질로 유기물을 분해하는 과정이에요. 하지만 분해 결과 얻어지는 물질이 인간에게 유용한 것이면 발효라고 하고, 유해한 물질이면 부패라고 한답니다.

발효 과정을 눈으로 직접 확인할 수도 있어요. 빵을 만들 때 부풀어 오르는 장면을 본 적이 있나요? 밀가루 반죽에 효모라고 불리는 미생물을 넣으면 **부글부글 끓는 듯 부풀어 오르는 현상이 생기는데, 바로 발효가 되고 있는 과정이랍니다.**

이렇게 미생물이라는 살아 있는 생명체를 이용하는 발효도 바이오 기술이에요. 지금처럼 과학이 발달하지 않았던 시절에 어떻게 발효라는 걸 이용하여 영양가 있는 음식을 만들었는지 참 신기하죠?

바이오 산업의 씨앗은 DNA라는 유전물질이에요

바이오에 대해 본격적으로 공부하기 전에 반드시 알아야 할 것이 있어요. 바로 유전물질이라고 불리는 DNA예요.

DNA는 친구들의 머리카락이 검은색인지 노란색인지, 얼굴은 달걀형인지 사각형인지, 그리고 심지어는 키까지도 결정하는 수많은 정보를 담은 저장소와 같아요. 이러한 정보들은 할아버지와 할머니로부터 부모님에게로, 그리고 부모님으로부터 나에게 전해져 내려오기 때문에 유전정보라고 하고, 이러한 유전정보를 담고 있는 DNA를 유전물질이라고 해요.

DNA를 최초로 발견한 사람은 스위스의 프리드리히 미셔(1844~1895)라는 의사 선생님인데 백혈병에 대한 연구를 하다가 DNA를 발견했어요. 하지만 정작 본인은 그것이 DNA인지 몰랐다고 해요.

그리고 1953년 과학계에 역사적인 사건이 일어났어요. 왓슨과 크릭이라는 과학자들이 DNA가 어떻게 생겼는지 그 구조를 밝혀낸 거죠. 그 이후로 현대 생물학과 의학이 놀라운 속도로 발전하기 시작했어요.

유전자와 DNA, 비슷하면서도 다른 이 친구들의 차이점은 뭘까요?

유전자는 우리가 가지고 있는 하나하나의 특성을 나타내는 글자라고 생각하면 돼요. 예를 들어 나의 머리카락이 검정색인지 노란색인지를 결정해 주는 유전자가 있고 피부색이 검은색인지 하얀색인지를 결정하는 유전자가 있어요. 이런 유전자들은 모두 DNA라는 책 속에 들어 있어요. 인간의 DNA에는 약 2만~3만 개의 유전자가 있다고 해요. DNA라는 책은 유전자라는 수많은 글자들로 가득 채워져 있다는 사실! 잊으면 안 돼요!

그렇다면 염색체라고 혹시 들어 봤어요? 염색체는 얇은 DNA 사슬이 단백질들과 똘똘 뭉쳐 있는 상태를 의미해요.
정상적인 사람의 몸에는 23쌍, 즉 총 46개의 염색체가 있답니다. 그 염색체들의 모음을 유전체라고 해요.

하지만 안타깝게도 유전자는 한글처럼 쉽게 읽을 수 있는 문자가 아니에요. 마치 암호처럼 되어 있어서 해석을 해야 하는데 예전에는 아주 어려운 일이었어요.

그래서 전 세계의 과학자들이 힘을 합쳐 인간의 유전자를 해석하는 작업을 진행했어요. 이 프로젝트를 **인간 게놈 프로젝트**라고 불러요. 게놈이라고 하니 좀 우습게 들리죠? 우리말로는 유전체라고 하고, 영어로는 **Genome**이라고 하는데 유전자를 뜻하는 **Gene**과 염색체를 뜻하는 **Chromosome**이 합쳐진 말이에요. 우리가 가지고 있는 모든 유전정보를 통틀어 일컫는 말이라고 생각하면 돼요.

그리고 **인간 게놈 프로젝트** 덕분에 바이오 산업은 더욱 빠르게 발전하게 되었어요.

용어 사전

유전자 : 부모가 자손에게 물려주는 특성을 만들어 내는 유전정보.
DNA : 수많은 유전자가 암호화된 상태로 보관되어 있는 저장소.
염색체 : DNA와 단백질이 똘똘 뭉쳐 있는 상태의 구조물. 이 염색체들의 모음을 유전체라고 함.

4가지 색의
바이오를 만나보아요

바이오는 크게 4가지 분야로 구분할 수 있는데 각 분야를 색으로 표현할 수 있어요. 먼저, 질병을 치료하거나 예방해 주는 바이오가 있어요. 우리 몸속에 흐르는 피가 빨간색이어서 레드바이오라는 명칭이 붙여졌다고 해요.

두 번째로, 곡식과 동물이 잘 자라도록 도와주는 바이오 분야가 있는데, 숲과 나무의 푸르름을 상징하는 초록색을 따와서 그린바이오라는 이름이 붙여졌죠.

세 번째로는 지구 환경을 보호하는 데 큰 도움을 주는 바이오

분야인데 **공장 굴뚝의 검은 연기를 하얗게 해준다고 해서 화이트바이오라고 불러요.**

마지막으로, **바다 자원과 바이오 기술을 이용하여 인간에게 도움이 되는 물질을 만드는 블루바이오가 있어요.** 왜 블루바이오라는 이름이 붙여졌는지는 설명하지 않아도 알겠죠?

이 4가지 바이오 외에도 **AI(인공지능)**나 **IT(정보 기술)**에 바이오 기술을 더해서 더 신비하고 이로운 것들을 만들기도 하는데, 이를 융합 바이오라고 하죠.

자, 이제 여러 색깔을 가진 바이오가 우리 주변에서 어떤 활약을 하고 있는지 알아볼까요?

인간의 모든 유전정보를 알아내고자 했던 인류의 꿈은 유전병을 치료하기 위한 연구에서부터 시작되었어요. 유전병은 부모로부터 자손에게 전해져 내려오는 병을 의미하는데, 유전병을 일으키는 유전자를 자손이 물려받기 때문에 병이 생기는 거예요. 어떤 유전자가 어떤 유전병을 일으키는지 알아내기 위해 시작한 프로젝트가 '인간 게놈 프로젝트'예요.

1990년 미국, 영국, 일본, 독일, 프랑스, 중국의 과학자들이 인간의 모든 유전정보를 갖고 있는 게놈을 연구하기 위해 한자리에 모였어요. 이후 8개 나라가 더 힘을 합쳐 10년이 넘는 노력 끝에 2003년 모든 유전자를 해석한 '유전자 지도' 초안을 완성했어요. 유전자 지도는 마치 내비게이션처럼 염색체의 특정한 위치의 유전자가 어떤 특성을 보여 주는지를 나타내는 지도예요. 예를 들어 n번째 염색체에 있는 a~b 부분에 위치한 유전자는 피부색을 결정하는 요인 중 하나일 수 있어요.

인간 게놈 프로젝트의 결과 인간의 유전자 수는 약 2만 5천개 라는 것이 밝혀졌죠. 하지만 아쉽게도 유전자가 어떤 특성을 나타내는지 완전히 해독하지는 못했어요. 지금도 유전정보를 해독하기 위해 많은 기업들이 노력하고 있답니다.

하지만 이 프로젝트로 얻은 유전자 지도 덕분에 질병의 진단과 암, 에이즈 같은 난치병의 예방, 신약 개발, 그리고 개인 맞춤형 치료가 가능해졌죠. 이때부터 본격적인 바이오 시대가 열리고 세계 여러 나라들이 치열한 바이오 경쟁을 벌이게 되었어요.

두 번째 이야기

레드바이오 인류의 진화를 이끌어요

레드바이오의 주인공은
바이오의약품이에요

레드바이오는 생명공학 기술과 의학 및 약학 분야가 결합하여 질병의 진단과 치료, 그리고 예방까지 해주는 의약품을 개발하는 바이오 산업이에요. **인간의 건강과 생명에 직결되는 바이오 산업이기 때문에 가장 주목받는 바이오 산업의 대장이죠.** 특히 우리를 괴롭히고 있는 **코로나 바이러스**를 무찌를 수 있는 것도 바로 레드바이오예요. 전 세계 바이오 산업 시장의 규모는 약 630조 원이라고 해요. 바이오 관련 사업을 하고 있는 회사들이 버는 돈을 모두 합치면 630조라는 뜻이죠. 얼마나 큰 돈인지 상상하기조차 어렵죠? 우리나라가 한 해 동안 국가와 국민을 위해 사용하는 돈이 500조 정도 된다고 해요. 바이오 하나만 잘해도 우리나라 살림을 책임질 수 있을 정도로 어마어마한 규모예요. 특히 레드바이오는 전체 바이오 산업에서 차지하는 비중이 무려 70퍼센트나 되죠. 그렇기 때문에 현재 바이오 산업 분야 중에서도 레드바이오에 관한 연구·개발이 가장 많이 이루어지고 있고 발전 속도도 가장 빠르답니다.

이렇게나 중요한 **레드바이오!** 레드바이오도 여러 가지로 나누어질 수 있지만 그중에서도 바이오의약품이 주인공이라고 할 수 있어요.

여기서 잠깐

바이오의약품과 합성의약품의 차이가 뭐예요?

합성의약품은 주로 두통약이나 소화제와 같이 시중에서 쉽게 접할 수 있는 의약품 대부분이라고 생각하면 돼요. 바이오의약품은 주로 백신 같이 주사로 맞는 약들이 많은데, 입으로 먹는 약도 있고, 몸에 붙이는 패치류, 그리고 병의 유무를 확인하는 진단시약에서도 찾아 볼 수 있어요.

만드는 방법도 달라요. 합성의약품은 여러 화학물질을 순서에 맞게 일정 비율로 섞어서 만들 수 있어요. 아주 쉽죠?

하지만 바이오의약품은 세포에게 적당한 영양분과 잘 자랄 수 있는 환경을 만들어 주어 세포가 일정 수준의 양까지 분열하도록 기다려요. 이 과정을 **배양**이라고 해요. 그 후 세포로부터 우리가 필요로 하는 물질만을 얻기 위해 다른 불필요한 물질을 거르는 **정제** 과정을 거치고, 필요한 물질을 모으는 **회수** 과정을 마쳐야 비로소 약이 만들어져요.

세포는 살아 있는 생명체이기 때문에 과정 하나하나에 신중을 기해야 한답니다.

바이오의약품은 의약품이라는 말 그대로 '약'을 의미하는데, 그중에서도 생명공학 기술을 사용해서 만든 약을 의미해요. 쉽게 설명해서 살아 있는 세포를 이용해서 약을 만드는 거죠. 살아 있는 세포를 다루어야 하기 때문에 아주아주 조심해야 해요. 그만큼 약을 만드는 게 어려워요. 하지만 약 개발에 성공하면 제약 회사는 큰돈을 벌게 되죠.

효과가 뛰어나고 품질 좋은 바이오의약품 하나만 만들어도 부자가 될 수 있어.

용어 사전

합성의약품 : 화학물질을 적절한 비율로 배합하여 만든 의약품.

배양·정제·회수 : 바이오의약품을 만드는 공정으로 세포를 증식시키고, 필요한 세포 내 물질만을 걸러 내어 모으는 과정.

신약은 절망에 빠진 환자들에게 희망을 선물해줘요

이전에는 없던 치료제 혹은 치료제는 있었지만 기존의 것과는 다른 성분으로 만들어진 약을 신약이라고 해요. 신약 중에서도 바이오의약품인 것을 바이오 신약이라고 해요. 그리고 합성의약품으로 만들어진 신약은 합성 신약이라고 한답니다.

과거에는 의약품 산업에서 합성의약품이 차지하는 비중이 대부분이었어요. 하지만 2000년대 들어서부터 바이오의약품의 비중이 급격하게 늘고 있답니다. 개발과 제조도 어렵고, 또 막대한 투자 비용이 필요함에도 불구하고 바이오의약품이 성장하고 있는 이유는 무엇일까요?

왜 바이오의약품의 인기가 올라가고 있을까요?

1. 질병의 근본적인 원인을 치료할 수 있어요.
2. 합성의약품보다 사람 몸에 부작용이 적어요.
3. 제약 회사는 개발과 생산에 많은 비용을 투자해야 하지만 큰돈을 벌 수 있어요.

인류의 적이자 반드시 정복해야 할 질병인 암이라는 무서운 병을 예로 들어볼까요? 먼저 암이 무엇인지부터 알아야겠죠? 우리 몸을 구성하는 가장 작은 단위는 세포예요. 세포는 스스로 분열과 사멸이라는 과정을 통해 새로 생겨나기도 하고 죽기도 해요. <u>암은 비정상 세포가 우리의 통제를 벗어나 무한으로 증식해서 우리 몸의 장기를 파괴하는 무서운 병이에요.</u> 이렇게 사멸하는 속도보다 분열하는 속도가 현저하게 빠른 세포를 암세포라고 해요.

암세포의 증식을 억제하기 위해 투여하는 약을 항암제라고 해요. 과거에는 합성의약품 항암제를 사용해서 어느 정도 암세포의 증식을 막을 수는 있었지만 부작용이 심했어요.

왜냐하면 암세포만 죽이는 게 아니라 그 주변에 있는 착한 세포들도 아프게 했거든요. 하지만 최근에는 바이오 신약으로 항암제가 개발되었는데 이 약은 암세포만을 표적으로 삼아 공격하기 때문에 부작용은 현저히 줄고 효과는 더 좋아졌어요. 암을 완전히 정복하는 그날까지 바이오 신약이 해야 할 일이 아주아주 많아요.

같은 효능의 약을 더 저렴한 가격으로 환자들에게 제공해요

이번에는 바이오 신약만큼이나 각광받고 있는 바이오시밀러에 대해 알아볼까요? 바이오시밀러는 쉽게 말해서 바이오의약품의 복제 약이에요. 기존에 존재하는 바이오의약품과 동일한 성분과 효능을 가진 약을 말하는데, 기존의 약과 100퍼센트 똑같은 약을 만드는 것은 불가능해요. 왜냐하면 살아 있는 세포를 이용하여 만드는 것이기 때문이죠. 왜 바이오시밀러라는 이름에 '똑같은'이 아닌 '비슷한'이라는 의미를 가진 **시밀러(Similar)**가 들어갔는지 이제 알겠죠? 주목할 만한 점은, 우리나라가 세계 바이오 시장에서 위상이 높은 이유가 바로 바이오시밀러 때문이에요. 세계 굴지의 제약 회사들이 판매하는 오리지널 의약품들과 효능은 똑같지만 훨씬 더 저렴한 가격으로 환자들에게 약을 제공해 주고 있거든요.

저렴하면서도 기존의 약과 동일한 효능을 가진 바이오시밀러가 최근에 주목받고 있는 이유는 무엇일까요?

먼저, 원조 바이오의약품, 즉 오리지널 의약품의 제조에 대해서는 원제조업자가 특허를 보유하고 있어요. 특허를 보유하고있으면 해당 제조업자만이 특정 의약품을 제조하고 판매할 수 있어요. 하지만 2010년 이후부터 대부분의 블록버스터 제품에 대한 특허가 만료되기 시작했어요. 이제 생산 설비와 기술만 있다면 누구나 만들 수 있게 된 것이지요.

그럼에도 불구하고 바이오의약품은 제조 공정 자체가 매우 어렵고 비용이 많이 들기 때문에 아무나 도전할 수 없는 것이지요. 이 어려운 일을 우리나라 바이오 제약 회사들이 해낸 거예요. 대한민국은 지금 전 세계 No.1 바이오시밀러 강국이 되었답니다.

여기서 잠깐

블록버스터 의약품이 뭐예요?

원래 블록버스터(Blockbuster)라는 말은 막대한 흥행 수입을 거둔 영화를 일컫는 말이었어요. 비슷한 의미로 제약 산업에서 말하는 블록버스터 의약품은 전 세계적으로 매출이 높은 의약품을 일컬어요.

상위 10개 블록버스터 제품 중 7개 정도가 바이오의약품이에요. 전체 제약 산업에서 바이오의약품이 차지하는 비중이 아직 30퍼센트에 불과하지만, 인류의 '생명'을 구하고 부를 거머쥐기 위해 많은 제약 회사들이 도전하고 있죠.

바이오야~
바이러스로부터 우리를 지켜줘!

겨울에는 예쁜 눈만 내리면 좋겠는데 함께 찾아오는 불청객이 있어요. 바로 독감 바이러스예요. 독감에 걸리지 않기 위해서 우리 친구들도 겨울이면 독감 예방 백신 주사를 맞죠? **바이러스는 세포에 침투할 수 있을 만큼 그 크기가 매우 작은데, 시간이 지나면서 그 형태가 변하기도 해요.** 그래서 해마다 2월이면 **세계보건기구(WHO)**에서 그해에 유행할 바이러스를 예측하고, 그 결과를 제약 회사에 보내줘요. 바이러스를 무찌를 백신을 생산하게끔 말이에요. 이게 바로 우리가 독감 백신을 매년 맞아야 하는 이유예요.

백신은 독감 백신 말고도 여러 종류가 있어요. 간에 염증이 생기는 간염, 면역력이 떨어져 피부에 빨갛게 발진이 일어나고 통증이 생기는 대상포진, 그리고 상처 부위에 균이 들어와 통증을 유발하는 파상풍 같은 질병을 예방하는 백신도 있어요.

그렇다면 백신은 어떻게 만들어지고, 또 어떤 작용을 통해 우리 몸을 보호해 주는 걸까요?

백신을 만드는 방법에는 2가지가 있어요. 첫 번째는 우리가 알고 있는 닭의 유정란에 병원균인 바이러스를 주입하여 배양하는 방법이에요. 하지만 이 방법은 백신을 생산하는 데 시간이 오래 걸릴뿐더러 조류 독감이 발생할 경우 유정란을 구하기 어렵다는 단점이 있어요. 이런 단점을 보완하기 위한 두 번째 방법이 유정란 대신 원숭이나 개와 같은 동물의 세포에 바이러스를 주입하여 배양하는 거예요.

무균 설비를 갖춘 아주 깨끗한 환경의 제조소에서만 생산이 가능하지만 생산에 걸리는 기간이 짧아 변이하는 바이러스에 빠르게 대처할 수 있어요.

바이러스에 감염된 세포를 이용하여 만든 백신을 우리 몸에 주사한다니, 무섭지 않냐고요?

걱정할 필요가 없어요! <u>우리 몸속에 투여하는 백신은 몸에 문제를 일으키는 병원성을 거의 없앴거나 안전한 상태예요.</u> 이렇게 활성이 없어진 백신이 우리 몸속에 들어오면, 우리 몸의 면역 체계는 바이러스에 대항할 무기를 스스로 만들어요. 그 무기를 **항체**라고 하고, **면역세포**라는 세포가 만들어 내죠. 나중에 정말 나쁜 바이러스가 몸속으로 돌아오면 우리 몸은 이미 항체를 만들어 본 것을 기억하고 있기 때문에 아주 빠르게 바이러스에 대응할 수 있어요.

어때요? 백신, 어렵지 않죠?

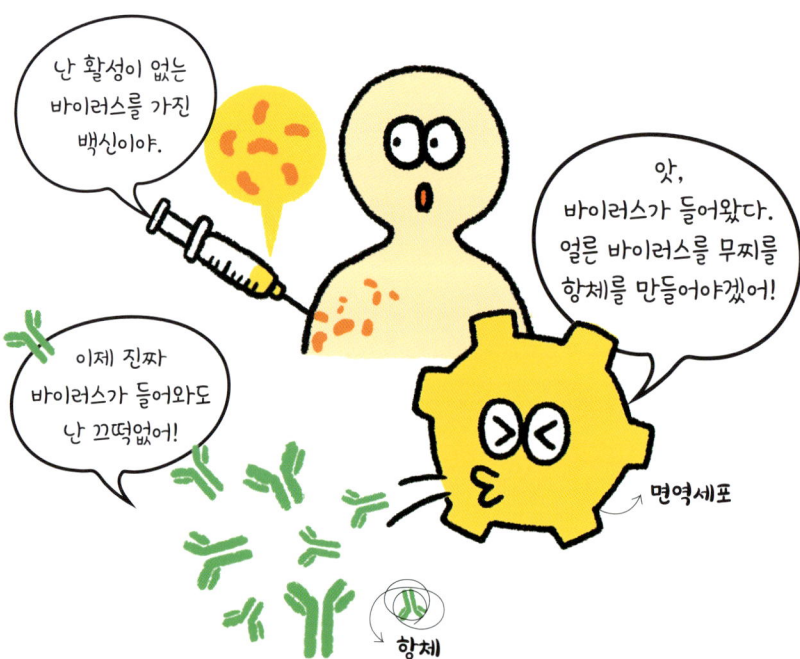

여기서 잠깐

백신과 치료제는 그 역할이 달라요

코로나 바이러스 때문에 학교에 가지 못하고, 집에서 지내는 시간이 많아져서 힘들었죠? 무엇보다도 외출할 때마다 항상 마스크를 써야 해서 너무 답답할 거예요.

하지만 걱정하지 말아요.

전 세계의 제약 회사들과 과학자들이 코로나를 무찌르기 위해 열심히 연구하고 있으니까요. 그들이 만들고자 하는 약 중 하나가 바로 우리가 앞에서 살펴본 백신이랍니다. 또 그들은 치료제도 개발하고 있어요.

많은 사람들이 백신과 치료제를 혼동해서 사용하는데, 이 두 개는 완전히 다른 약이에요.

먼저 백신은 병에 걸리지 않은 사람에게 투여하여 미래에 병에 걸리지 않도록 도와주는 약이고, 치료제는 이미 병에 걸린 환자에게 투여하여 병이 낫도록 도와주는 약이거든요.

백신은 건강한 사람에게 접종하는 약인 만큼 가장 중요한 점이 약의 안전성이에요. 이에 반해 치료제는 백신에 비해서 안전성보다 병을 얼마나 낫게 할 수 있는지 그 효능에 초점이 맞추어져 있어요.

하지만 절대! 약의 안전성이 중요하지 않다는 말은 아니랍니다!

유전자를 내 마음대로 바꿀 수 있다고?

색종이를 원하는 모양으로 오려 본 적이 있나요? 그 때 우리는 가위라는 도구를 사용해요.

레드바이오에도 유명한 가위가 있어요. 바로 **크리스퍼(CRISPR)** 라고 하는 유전자 가위예요. 이름만 들어도 무엇을 자르는 용도인지 눈치챘을 거예요.

맞아요! 유전자 가위로 우리 몸속 세포에 있는 유전물질, 즉 DNA를 잘라낼 수 있어요. 그렇다면 과연 이 유전자 가위가 레드바이오에, 그리고 우리에게 어떤 도움을 줄 수 있을까요?

이미 친구들도 알고 있다시피 DNA는 우리의 머리카락 색, 피부색, 얼굴형, 눈·코·입의 모양 등 겉으로 보여지는 특성을 결정지어 줄 뿐만 아니라 몸속 보이지 않는 곳들의 특성도 결정해요.

만약 우리가 가지고 있는 DNA에서 암을 유발할 가능성이 있는 부분이 있다면 어떻게 해야 할까요? 당연히 제거해야겠죠? 암뿐만이 아니라 특히 유전적인 원인으로 발병하는 병의 치료

및 예방을 위해서도 유전자 가위 만한 치료 도구가 없어요. 할아버지, 아버지로부터 물려받은 내 몸속의 유전자에서 나쁜 유전자를 잘라내는 데 유전자 가위가 큰 역할을 할 수 있답니다.

이 신기한 유전자 가위 크리스퍼는 2012년 제니퍼 다우드나와 에마뉘엘 샤르팡티에라는 두 여성 과학자가 발견했는데, 이 공로로 2020년 노벨 화학상을 공동 수상하였어요. 실제로 유전자 가위는 오래전부터 연구가 되었어요. 크리스퍼는 과거에 발견된 유전자 가위의 단점을 보완해서 만들어진 기술이에요. 크리스퍼의 최초 기술 개발자가 누구인지에 대해 세계적으로 논란이 되고 있는데, 그만큼 크리스퍼의 가치가 높다는 뜻이겠죠?

크리스퍼는 3세대 유전자 가위예요. 1세대와 2세대 유전자 가위의 단점을 보완했죠.

최근에는 프라임 에디터라고 하는 4세대 유전자 가위의 개발도 진행되고 있어요.

제니퍼 다우드나   에마뉘엘 샤르팡티에

크리스퍼의 작동 원리는 우리 친구들이 색종이를 자르는 것과 크게 다르지 않아요. 색종이를 자를 때 가장 먼저 종이에서 자르고 싶은 부분에 가위를 갖다 대죠? 그다음에는 가위로 싹둑! 크리스퍼도 똑같아요. 대신에 잘라낼 유전자 부분을 찾아내는 역할을 하는 부분과 자르는 역할을 하는 부분이 따로 있을 뿐이에요. <mark>DNA 위에서 자르고 싶은 부분을 찾아내는 것은 RNA라는 물질이고, RNA가 잘라낼 부분을 인식하면 Cas9이라는 물질이 유전자를 싹둑! 잘라내요.</mark>

어때요? 간단하죠?

하루빨리 이 크리스퍼라는 유전자 가위를 자유자재로 사용할 수 있는 날이 왔으면 좋겠어요.

용어 사전

유전자 가위 : DNA의 특정 부분을 인지하여 해당 부위를 잘라내는 단백질.

크리스퍼 : 제3세대 유전자 가위. 1세대 유전자 가위로는 징크핑거, 2세대 유전자 가위로는 탈렌이 있음.

유전자 복제로
똑같은 동물을 만들어요

혹시 도플갱어라고 들어 본 적 있나요? 나와 똑 닮은 사람을 의미해요. 지구상 어딘가에 있을 지도 모르는 도플갱어의 존재를 여러분은 믿을 수 있나요?

하지만 이제 마음만 먹으면 나와 똑같이 생긴 사람이나 내가 기르던 강아지와 똑 닮은 강아지를 인위적으로 만들어 낼 날이 올 수도 있어요.

바로 유전자 복제라는 것을 통해서 말이에요.

유전자 복제는 말 그대로 어떤 동물의 유전자와 완벽하게 동일한 유전자를 만드는 기술을 의미해요. 1996년 영국의 생물학자인 이언 윌머트는 이 유전자 복제 기술을 사용하여 복제 양을 탄생시켰는데, 돌리라는 이름까지 붙여졌어요. 그 이후 전 세계 과학자들이 강아지와 원숭이 등 여러 동물들을 복제하기 시작했어요. 우리나라도 복제 강아지 스너피를 탄생시켜 주목받았었지요.

나는 1996년 7월에 영국에서 태어난 복제 양이야. 포유류에서는 세계 최초로 복제되었지. 하지만 급격한 노화로 일곱 살에 생을 마감할 수밖에 없었어.

돌리

나는 2005년에 복제된 강아지 스너피야. 대한민국 연구진에 의해서 탄생했어. 내 이름도 서울대학교(SNU)와 강아지(Puppy)를 합쳐서 지어졌지.

스너피

우리는 2018년 중국에서 태어난 원숭이야. 복제 양 돌리를 탄생시켰던 생명공학 기술과 동일한 기술로 22년 만에 탄생한 복제 영장류이지.

화화&중중

유전자 복제 기술을 이용한 돌리의 탄생은 과학계에서 정말 충격적인 사건이었어요. 하지만 이와 동시에 윤리적·종교적 문제로 이슈가 될 수밖에 없었지요.

천신만고 끝에 여러 동물들을 복제하는 데 성공하기는 했지만 그 과정에서 수백 마리의 동물들이 죽어 나가야만 했어요. 또 생명을 사람의 손으로 탄생시킨다는 것 자체가 종교적으로도 문제가 될 수밖에 없었지요. 그래서 현재 많은 국가에서는 유전자 복제 자체를 금지하고 있어요.

하지만 그 기술을 사용하여 많은 환자들의 병을 치료할 수도 있어요. 간이 건강하지 않은 환자를 예로 들어 볼까요? 먼저, 환자로부터 유전자를 가지고 있는 세포를 추출해요. 그 세포를 돼지와 같은 동물의 수정란에 주입하여 돼지를 탄생시킬 수 있어요. 이렇게 태어난 돼지의 간은 환자로부터 복제된 간이나

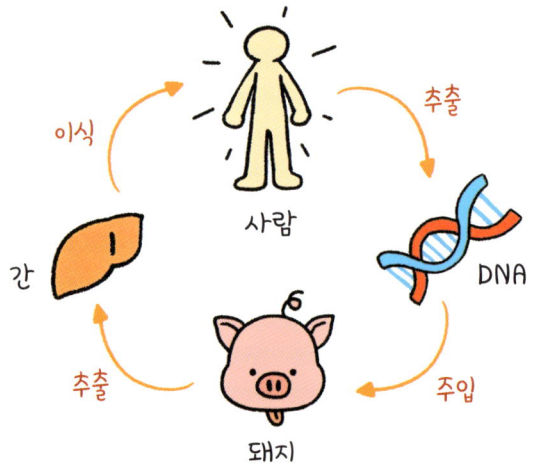

마찬가지이지요. 이 간을 다시 환자에게 이식하면 환자는 새 간을 얻은 것처럼 건강해질 수 있다고 해요. 본인의 유전자로 만들어진 간이기 때문에 치료 효과도 매우 좋다고 해요. 이러한 치료 효과 때문에 일부 국가에서는 새로운 장기를 복제하는 것만큼은 허용하고 있어요.

과학의 발전과 윤리적 문제 사이에서 친구들도 한번 고민해 보기를 바라요.

용어 사전

유전자 복제 : 복제하고 싶은 동물의 유전자를 수정란에 인위적으로 주입하여 똑 닮은 동물을 탄생시키는 기술. 특정 사람의 유전자를 동물의 수정란에 주입하면 사람과 같은 장기를 가지게 됨. 이 장기를 가지고 환자를 치료하는 데 사용할 수 있음.

줄기세포는
무엇이든 될 수 있어요

친구들은 꿈이 뭐예요? 의사? 변호사? 축구 선수? 정말 다양한 꿈을 갖고 있을 거예요. 무한한 가능성이 있으니 도전해서 그 꿈을 이루기 바라요. 줄기세포도 친구들처럼 무엇이든 될 수 있고 가능성이 많은 세포예요. 레드바이오에서는 보물 중의 보물이죠.

유전자 복제 기술을 이용하면 간이나 콩팥 등의 장기를 똑같이 만들어서 환자의 고장 난 장기와 교체할 수 있었어요. 반면에 줄기세포를 이용한 치료는 줄기세포를 환자에게 바로 주입하는 거예요. 그러면 그 세포가 자라서 환자에게 필요한 장기가 되는 것이지요.

교통사고로 하반신이 마비된 환자에게는 신경조직으로 자랄 수 있는 줄기세포를 넣어 주면 다시 걸을 수 있어요.

심장이 약한 환자에게는 심장에 근육으로 자라날 수 있는 줄기세포를 넣어 주면 되겠죠? 치매 환자도 줄기세포를 이용하여 치료할 수 있어요.

이렇듯 줄기세포가 할 수 있는 일은 무궁무진해요. 하지만 아쉽게도 아직 기술력이 부족해서 줄기세포를 응용한 기술이 널리 사용되지 못하고 있어요. 세포는 살아 있는 생명체이기 때문에 조작하기가 너무 어렵기 때문이죠. 나중에 자라서 뼈가 될 거라 생각했던 줄기세포가 엉뚱하게 피부조직이 될 수도 있고, 뼈가 되기는 했는데 무한으로 세포가 증식해서 암세포와 같이 환자를 더 아프게 할지도 모르는 일이거든요.

줄기세포를 어떻게 잘 활용해야 하는지는 친구들의 어깨에 달려 있어요.

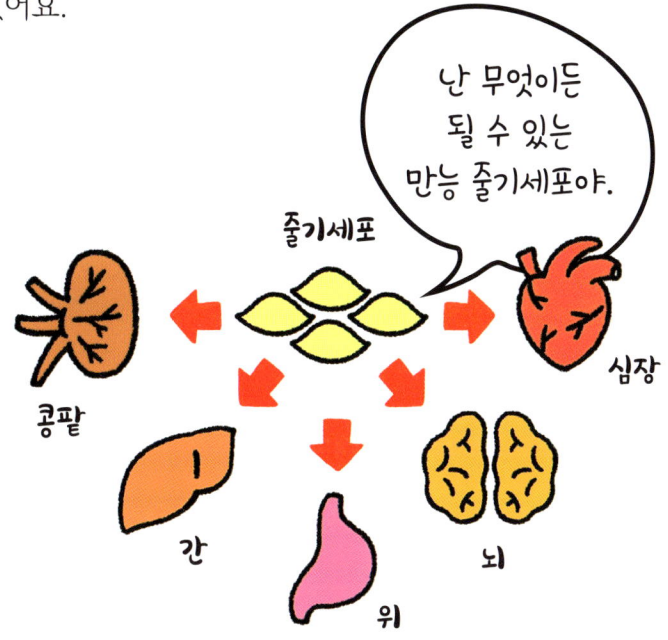

이것만은 알고 가자

약이 개발되어서 판매되기까지의 과정

약을 개발할 때 가장 중요한 2가지 요소가 있어요. 먼저, 약의 성분이 사람 몸에 투여되어 특정 질병을 잘 치료하는지를 확인해야 해요. 이것을 **약의 '유효성(Efficacy)'**이라고 해요. 두 번째로는, 약이 아무리 효과가 좋더라도 사람 몸에 유해한 반응을 일으키는 원인이 되면 큰일이겠죠? 그렇지 않다는 것을 확인해야 하는데, 이것을 **약의 '안전성(Safety)'**을 확인한다고 해요.

이 2가지를 확인하고 평가하는 것은 무척 중요한 일이기 때문에 새로운 신약이 개발되어 판매되기까지는 보통 10년 이상의 오랜 시간이 필요해요.

약을 개발하는 과정은 크게 4단계로 진행하게 돼요. 가장 먼저, 우리 몸속에 들어가서 약으로서의 역할을 할 수 있는 가능성이 있는 모든 물질들을 발굴해 내야 해요. 이 단계를 후보 물질 탐색 단계라고 해요. 후보 물질의 탐색이 끝나면 임상시험을 하게 되는데 사람에게 투여하기에 앞서 쥐, 기니피그, 원숭이 등에 먼저 투여를 하게 돼요. 이 단계를 비임상시험 단계라고 해요. 이전에는 사람에게 하는 임상시험 전에 수행하는 단계이기 때문에 전임상시험이라고 하기도 했어요. 비임상시험 결과 어느 정도 약의 안전성이 증명되면 비로소 사람에게 약을 투여하는 임상시험을 진행하게 돼요. 1상에서 3상까지 총 3단계에 걸친 임상시험을 통해 약의 안전성과 유효성이 완벽하게 확보되어야만 판매 허가를 받아 환자에게 투여할 수 있게 된답니다.

▶▶▶ **후보 물질 탐색** : 특정 질병에 대해 치료 및 완화 효과를 나타낼 가능성이 있는 물질을 탐색하는 단계예요. 보통 5천~1만 개의 후보 물질이 탐색이 되면 그중 신약 허가 단계까지 가는 물질은 1개에 불과하다고 해요. 요즘에는 AI(인공지능)를 활용하여 보다 빠르고 정확하게 후보 물질을 탐색할 수 있어요.

▶▶▶ **비임상시험** : 사람에게 약을 투여하기 전에 원숭이, 쥐, 기니피그 등의 동물에게 먼저 시험하는 단계예요. 약이 얼마나 효과가 있는지, 그리고 독성이 없는지를 확인하는 것이 목적이에요. 최근에는 윤리적 문제 때문에 동물 대신 인공 장기를 사용하는 방법을 개발하고 있어요.

▶▶▶ **임상시험** : 사람에게 약을 투여하는 시험이에요. 이 단계에서는 약의 독성과 유효성(효과)뿐만 아니라 투여 방법, 투여량, 안전성 등을 확인해요. 임상시험은 3단계로 구분되는데 1상, 2상, 3상이 있어요. 각 단계를 통과해야 다음 단계를 시작할 수 있어요.

▶▶▶ **신약 허가** : 임상 3상을 통과한 약은 각 국가의 규제 기관의 허가를 받아 비로소 환자에게 투여할 수 있어요. 이 허가를 신약 허가라고 불러요. 우리나라는 식품의약품안전처, 미국은 FDA, 유럽은 EMA, 일본은 후생노동성이라고 하는 규제 기관이 있어요.

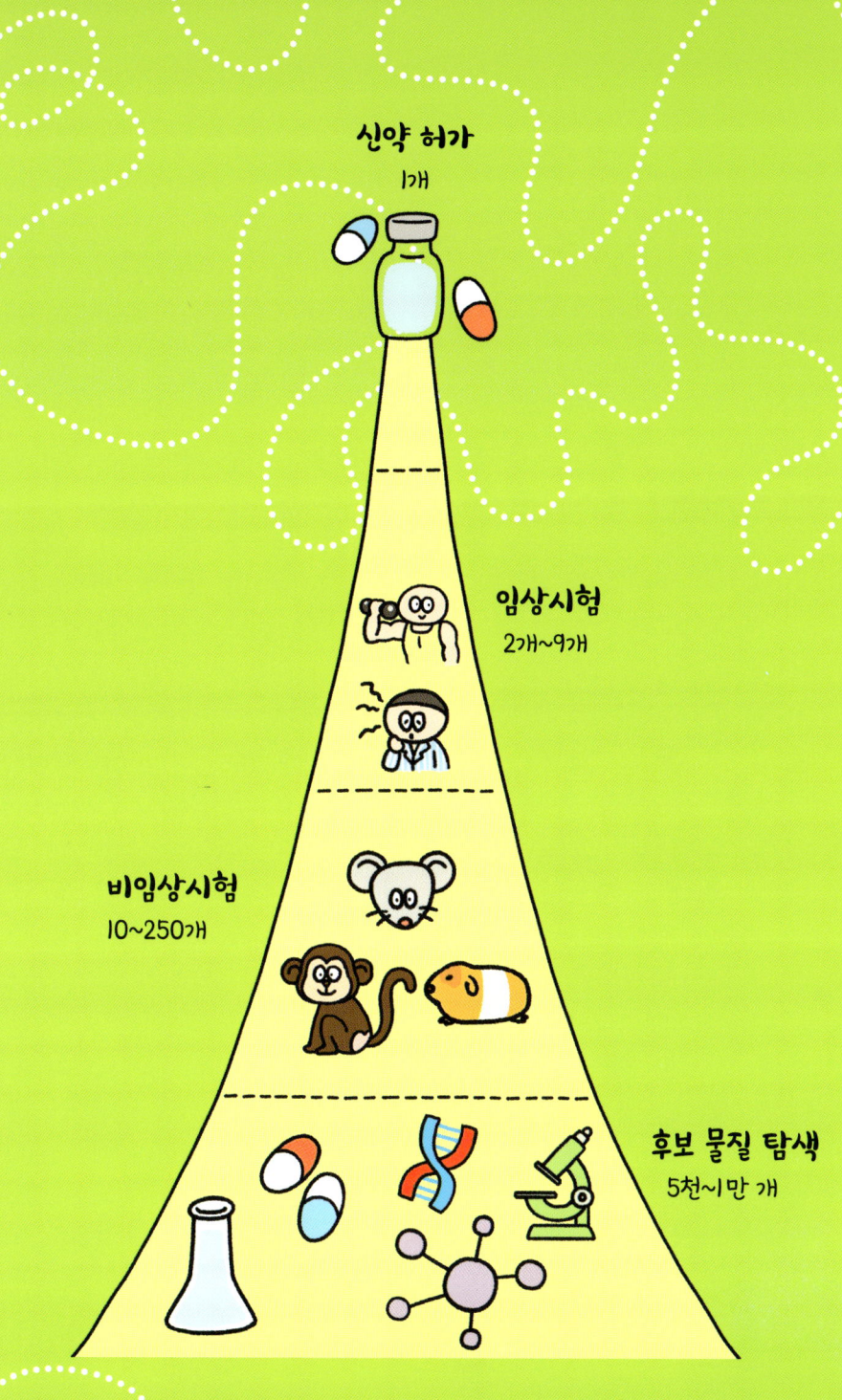

세 번째 이야기

그린바이오 72억 인구를 먹여 살려요

그린바이오의 시작은
녹색혁명이에요

우리 친구들은 형제나 자매가 있나요?

요즘에는 신혼부부들이 아이를 잘 낳지 않아 사회적 문제가 되고 있어요. 그래서 정부에서는 여러 가지 방법을 동원해 출산을 장려하고 있죠.

하지만 세상이 급격하게 발전하던 1900년대 후반에는 그렇지 않았어요. 세계적으로 인구가 기하급수적으로 늘어났는데, 이에 따른 문제점도 있었죠.

그중에서도 가장 큰 문제는 식량 부족이었어요. 사람은 많아지는데 식량은 충분하지가 않았어요.

홍수나 가뭄 같은 자연재해가 닥치면 곡식이나 열매가 자라지 못했고, 해충 그리고 심지어는 태양의 열기에도 취약했어요. 수천, 수만 명이 영양실조로 굶어 죽는 안타까운 상황이었어요.

이때 혜성처럼 등장한 것이 있었으니 바로 **그린바이오**예요! 그 시작은 **녹색혁명**으로부터 출발했죠.

세 번째 이야기. 그린바이오, 72억 인구를 먹여 살려요

음악의 아버지는 바흐라고 많이들 알고 있죠? 그렇다면 그린 바이오의 시작을 알린 녹색혁명의 아버지는 누구일까요?

바로 미국의 **노먼 볼로그**가 그 주인공이에요.

1960년대에 볼로그는 해충이나 열대기후에 강한 유전자를 가진 밀을 개발하기 위해 연구했어요. 특히 그 당시에는 전 세계적으로 굶어 죽는 사람이 많아서 사회적으로 큰 문제였는데, <u>볼로그는 마침내 병충해에 강한 밀을 개발하는 데 성공하죠.</u>

볼로그는 특히 인도나 파키스탄과 같이 가난한 나라의 국민들을 돕고 싶어 했어요. 그래서 직접 인도로 건너가 자신이 개발한 밀의 품종을 심어 그 나라 사람들에게 넉넉한 식량을 공급했어요. 실제로 <u>볼로그가 개발한 밀 덕분에 약 10억 명이 넘는 생명을 살렸다고 해요. 이것이 바로 1차 녹색혁명이에요.</u>

그 공로로 볼로그는 1970년에 노벨 평화상을 받았답니다. 과학자가 노벨 평화상이라니 놀랍지 않나요? 그만큼 바이오는 인간의 생존과 실생활에 밀접하게 관련되어 있다고 할 수 있어요.

이후 유전학적으로 품종을 개량하는 바이오 기술을 통해 2차 녹색혁명을 맞이했어요. 합성 비료나 제초, 살균제와 살충제, 그리고 생장에 필요한 화학 농약의 유해성으로부터 벗어나려는 노력이 시작되었죠. 뿐만 아니라 1차 녹색혁명이 농작물의 수확량을 늘리는 데 초점을 맞춘 반면, 2차 녹색혁명은 이에 더해 영양소까지 풍부한 농작물을 생산하는 데 초점을 맞추고 있어요. 오바마 전 미국 대통령은 농업은 엄청난 경제적 부를 가져올 산업이라고 말했고, 사르코지 전 프랑스 대통령도 농업은 미래를 여는 열쇠라고 말했을 만큼 그린바이오 발전은 농업을 중요한 산업으로 만들었어요.

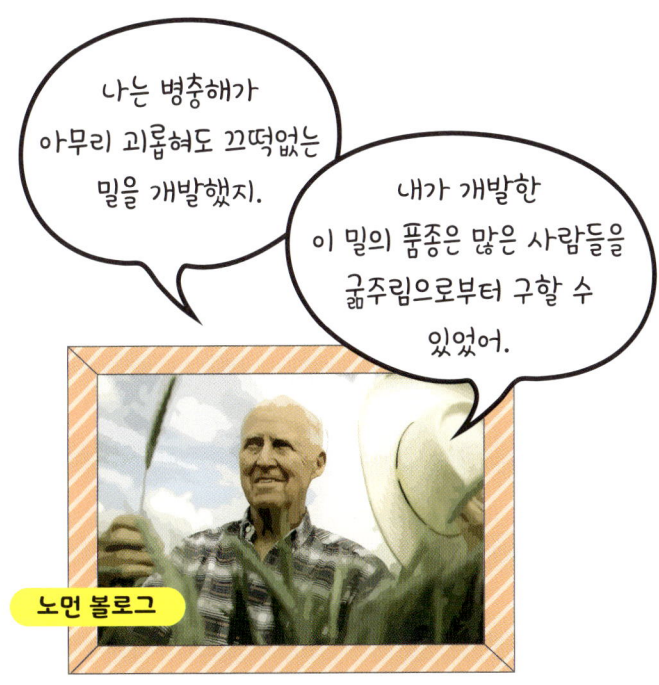

나는 병충해가 아무리 괴롭혀도 끄떡없는 밀을 개발했지.

내가 개발한 이 밀의 품종은 많은 사람들을 굶주림으로부터 구할 수 있었어.

노먼 볼로그

사람과 환경에 해롭지 않은 농약도 있어요

곡식이나 열매를 수확하기 위해서는 1년이라는 긴 시간 동안 농부들의 땀과 고생이 있어야 해요. 힘들게 키운 곡식과 열매가 해충에게 괴롭힘을 당하면 안 되겠죠? 또 주변에서 자라는 잡초들 때문에 수확량이 줄면 안 되겠죠?

해충이나 잡초로부터 농작물을 지켜 내기 위해서 뿌리는 약을 농약이라고 해요. 농약 중에서도 해충을 무찌르는 약을 살충제라 하고, 잡초를 제거하는 약을 제초제라고 하죠.
하지만 **지금까지 사용된 농약은 대부분 화학 농약이었어요.** 레드바이오에서 보았던 합성의약품과 같이 인간이 인위적으로 화학물질들을 섞어서 만든 거죠.

농약 덕분에 더 많은 양의 농작물을 수확하는 것이 가능해졌지만, 화학 농약에도 단점이 있었어요. 농약이 남아 있는 농작물이 인간의 몸속에 들어가 병을 유발하기도 하고, 실제로 농약을 직접 다루는 농부들은 암과 같은 병에 걸리기도 해요. 뿐만 아니라 농사를 지으면서 생기는 폐수에도 농약 성분이 들어가 있어 환경 오염의 원인이 되기도 해요.

그래서 탄생한 것이 **바이오 농약**이에요.

바이오 농약은 화학물질 대신 살아 있는 생물에서 유래한 물질을 이용해서 만들어지기 때문에 인간의 건강과 환경에 해롭지 않아요.

본격적으로 바이오 농약을 개발하기 시작한 것은 1970년대부터이지만 바이오 농약의 시초는 훨씬 오래 전인 1880년대로 거슬러 올라가요. 미국 캘리포니아에서 감귤을 재배하는 농가들이 이세리아깍지벌레라는 해충 때문에 피해를 입고 있었어요. 그래서 농부들은 이 해충을 먹고사는 무당벌레를 풀어놨어요. 그 결과 해충 피해를 막고 더 많은 양의 맛있는 감귤을 수확할 수 있었답니다. 비록 무당벌레라는 생물 자체를 농약으로 사용한 매우 원초적인 사건이었지만 이를 계기로 지금은 생물에서 유래되는 물질로 바이오 농약을 만들게 되었어요.

최근에는 국내 연구원들이 개발한 바이오 제초제가 처음으로 미국 시장에 진출하는 쾌거를 이루기도 했어요. 땅이 넓은 미국은 잔디 제초제가 가장 많이 사용되는 나라인데, 우리나라 연구원들이 개발한 바이오 제초제는 잔디 생장을 방해하는 세포아풀이라는 잡초만 골라서 죽일 수 있는 약이에요.
우리나라도 화학 농약을 많이 사용하는 나라 중 하나예요. 그래서 정부에서도 화학 농약의 사용을 줄이고 바이오 농약의 사용을 늘리기 위해 아낌없는 투자를 하고 있어요.

그럼에도 불구하고 아직은 기술력이 부족한 것이 사실이에요. 그래서 우리 친구들이 나중에 커서 고마운 농부 아저씨들과 환경을 지켜 주는 바이오 농약을 만들어 주면 좋겠어요. 훌륭한 바이오 농약을 개발하려면 바이오 농약의 장점과 단점을 확실히 알아야 하겠죠?

여기서 잠깐

바이오 농약의 장점과 단점

장점
- 사람과 환경을 보호해요.
- 작물과 익충에 피해를 주지 않아요.
- 병충해가 내성을 가지기 어려워요.

단점
- 효과가 발생하기까지 시간이 걸려요.
- 화학 농약보다 값이 비싸요.
- 좋은 효과를 얻기 위해서 주변 환경까지 고려해야 해요.

병충해에도 끄떡없는
슈퍼 농작물을 만들어요

혹시 친구들은 이런 상상을 해본 적이 있나요? 태어날 때부터 키가 컸으면 얼마나 좋을까? 힘이 아주 세면 얼마나 좋을까? 한 번쯤 이런 상상을 해본 적이 있을 거예요.

비록 사람에게는 불가능한 상상에 불과하지만 우리가 먹는 옥수수, 콩, 감자, 파프리카, 토마토 같은 농작물은 새싹 때부터 아주 튼튼한 슈퍼 농작물로 만들 수 있어요. 어떻게 그럴 수 있냐고요? 바로 그린바이오가 있기 때문이죠.

앞에서 병충해로부터 농작물을 지켜 주는 농약에 대해서 알아봤어요. 하지만 과학기술의 발달로 전 세계는 이미 병충해에도 끄떡없는 농작물, 제초제나 살충제 같은 농약에도 죽지 않는 농작물을 재배하고 있어요.

그 비법은 병충해를 물리치고 살충제와 제초제에도 끄떡없는 유전자를 농작물에 삽입하는 '유전자 조작' 기술에 있어요. **유전자 조작 기술을 사용하여 재배하는 작물을 유전자 변형 생물(GMO)라고 해요.**

이렇게 좋은 바이오 기술임에도 불구하고, GMO는 여전히 논란의 중심에 있어요.

아무래도 GMO는 인위적으로 유전자를 조작하는 행위가 이루어져야 하는 만큼 식품의 안전성에 문제가 있을 수 있으니까요.

유전자가 변형된 농산물을 먹으면 인체에 해로운 영향을 미치는지에 대해서도 괜찮다는 사람들과 그렇지 않다는 사람들이 있어요. 그래서 국가별로 GMO에 대한 규제도 달라요. 미국에서는 이미 생산하는 옥수수의 95퍼센트 이상이 GMO 옥수수인 반면, 우리나라에서는 GMO 농작물의 재배를 금지하고 있어요.

또 GMO 농작물이 본래 자연 상태의 작물들을 변형시키고 있다고 주장하는 사람들도 있어요. 자연 상태에서 재배되는 농작물도 시간이 흐르면서 스스로 조금씩 변형되는 건 사실이에요. 하지만 GMO 농작물과 같이 급격하게 변형된 작물들과 섞이게 되면서 생태계를 교란시킬 가능성도 있다고 해요.

이렇게 자연 상태의 유전자와 인위적으로 조작한 유전자들이 뒤엉켜 섞이는 것을 유전자 오염이라고 해요.

우리나라에서는 GMO 농산물인 경우 소비자가 인지할 수 있도록 반드시 표시하도록 법으로 규제하고 있어요.

제초제나 병충해에도 끄떡없는 GMO라면
농부도 농사짓기 편하고
더 많은 식량을 재배할 수 있어.

유전자를 인위적으로 변형해 키운
작물을 먹으면 몸에 이상이
생길 수도 있어. 또 유전자 오염으로
생태계를 교란시킬 수도 있다고~

동물들을 위한
영양 만점 사료도 만들어요

우리가 밥을 먹는 것처럼 소, 돼지, 닭 등의 가축은 사료를 먹죠?

친구들이 반찬을 골고루 먹으면 더욱 건강해지듯이 가축도 마찬가지예요. 사료를 더 영양가 높고 맛있게 만든다면 가축들도 건강해질 거예요.

그린바이오는 가축의 성장과 영양, 피부 노화 등에 좋은 사료도 만들고 있어요.

단백질은 사람과 동물의 성장에 반드시 필요한 물질이에요. 단백질은 아미노산이라고 하는 물질로 만들어지는데, 아미노산에는 총 20개 종류가 있어요.

특히 동물들의 성장을 위해 반드시 섭취해야 하는 5가지 필수 아미노산이 있어요. **라이신(Lysine)**, **메티오닌(Methionine)**, **트레오닌(Threonine)**, **트립토판(Tryptophan)**, **발린(Valine)** 이에요.

이 아미노산들은 동물이 생체 작용을 통해 스스로 만들어 낼 수 없기 때문에, 반드시 사료 섭취를 통해 얻어야만 해요. 하지만 콩과 옥수수가 주 성분인 일반적인 사료에는 이 5가지 아미노산이 다 들어 있지 않아요.

그래서 <u>사료에 5가지 아미노산이 풍부한 첨가제를 섞어서 동물들에게 주는데, 이러한 사료 첨가제를 미생물을 이용한 발효 공법으로 만들어 내요.</u> 과거에는 화학 공법을 이용해서 사료 첨가제를 만들었는데, 이 과정 자체가 환경을 오염시키고 동물의 건강에도 좋지 않은 영향을 미쳤어요. 그래서 발효라는 바이오 기술을 응용하여 제조 과정도 친환경적이고, 동물들에게도 더 건강한 사료를 제공할 수 있게 되었답니다.

여기서 잠깐

아미노산이 뭐예요?

사람이 활동하고 성장하는 데 필요한 3대 에너지원은 탄수화물, 지방, 단백질이에요. 하지만 이 3가지를 음식으로 섭취한다고 해도 바로 에너지로 사용할 수는 없어요. 몸속에서 분해 과정을 거쳐야 비로소 에너지로 사용할 수 있답니다. 아미노산은 단백질의 분해 과정에서 생성되는 물질, 즉 단백질의 가장 작은 구성 단위라고 할 수 있어요.

아미노산에는 총 20가지 종류가 있어요. 신기하게도 우리는 이 20가지 아미노산을 모두 음식으로 섭취할 필요가 없어요. 왜냐하면 우리 몸속에서 스스로 만들어 내는 아미노산도 있기 때문이에요. 하지만 체내에서 스스로 생성하지 못하고 반드시 음식으로 섭취해야 하는 아미노산이 있는데, 이 아미노산을 필수 아미노산이라고 해요.

동물의 경우 20가지 아미노산 중 10개 종류를 스스로 만들어 낼 수 있어요. 음식을 먹을 수 없는 식물의 경우 모든 아미노산을 스스로 만들어 낸다고 해요. 참 신기하죠?

금보다 비싼 씨앗이 여기 있어요

우리가 구입하는 채소와 과일, 그리고 꽃의 가격에는 외국에 지불하는 로열티가 포함되어 있다는 사실, 알고 있었나요?
로열티는 법적으로 특정 물건이나 지식에 대한 권리를 소유한 자에게 그 권리를 사용한 대가로 지불하는 값을 말해요. 그런데 우리가 해외에 지급하는 로열티가 갈수록 급증하고 있다고 해요.

오늘 아침 우리 식탁에 오른 청양고추와 양파, 당근, 토마토, 딸기 같은 농산물 대부분의 종자가 외국에서 수입되고 있기 때문이에요.
실제로 국내 종자 생산량의 80퍼센트 이상이 외국에서 들여오는 반면에, 우리나라 기업 소유의 종자를 외국에 판매해서 받고 있는 로열티는 매우 적어요.
우수한 종자의 개발은 농가 소득과 국가 경제에도 보탬이 되지만 우리 농업의 발전과 국민의 건강을 위해서도 매우 중요한 일이에요.

미국과 일본을 비롯한 선진국에서는 종자 개발을 미래를 이끌어 갈 산업으로 생각하고 집중적인 투자와 연구·개발을 하고 있다고 해요. 우리나라에서도 **골든 시드 프로젝트**를 추진하여 농업·축산업과 수산업 분야의 종자 개발을 진행하고 있어요.

이것만은 알고 가자

똥도 바이오라고?

그린바이오는 사실 녹색혁명보다 훨씬 일찍 시작되었어요. 그 주인공은 다름 아닌 똥이랍니다.

오래전부터 인류는 농사를 지어 곡식을 수확하고 소, 돼지, 닭 등 가축을 길러 배고픔을 해결해 왔어요. 오늘날에는 우리가 먹을 수 있는 음식의 종류가 다양해졌지만 지금 우리가 즐겨 먹는 햄버거, 피자, 치킨 같은 음식에도 농부들이 만들어 주는 쌀이나 밀, 콩과 채소가 들어가죠.

과거에는 여러 가지 곡식과 채소의 수확량을 조금이라도 늘리기 위해 똥을 사용했어요. 사람의 똥을 땅에 뿌렸더니 곡식과 식물이 너무나도 잘 자라는 거예요. 그때부터 인류는 똥을 거름이라고 부르며 아주 귀하게 관리를 했어요.

심지어 조선시대에는 한국과 중국, 그리고 먼 나라 유럽 국가들 사이에 똥을 사고파는 상인이 있을 정도였죠. 똥을 사고팔아 돈을 벌 수 있었다니, 정말 놀랍죠?

이것만은 알고 가자

골든 시드 프로젝트

Golden Seed Project

우리나라에서는 2012년부터 2021년까지 농어업과 원예 등에서 종자 20개 이상을 개발하여 전 세계에 수출한다는 목표를 세우고 '골든 시드 프로젝트(Golden Seed Project)'를 진행하고 있어요. 정부와 민간 기업이 힘을 합쳐서 진행하고 있죠. 같은 무게의 씨앗 하나와 금을 비교했을 때 씨앗이 훨씬 더 높은 가치를 지니기 때문에 이런 이름이 붙어졌어요. 그만큼 한 알의 종자를 수출하여 벌어들이는 로열티가 엄청나다는 의미겠죠?

세계로 수출하기 위해 종자를 개발하는 것뿐만 아니라 귀한 가치가 있는 국산 품종의 씨앗을 보호하고 개발하는 것 또한 이 프로젝트에서 하는 일이에요.

골든 시드 프로젝트의 대상이 되는 종자는 고추와 배추 등의 채소, 백합 등의 원예, 벼, 감자 같은 식량뿐만 아니라 전복과 김 등의 수산물, 그리고 돼지, 닭 등 가축의 종자도 포함돼요. 더욱이 기후 변화와 환경오염으로 10만여 종의 식물이 멸종 위기에 처해 있고, 2050년쯤에는 지구 인구가 100억 명에 이를 것으로 예상되고 있어서 품질 좋은 종자를 개발하여 확보하는 것이 아주 중요한 과제로 떠오르고 있어요.

네 번째 이야기

화이트바이오 친환경 세상을 만들어요

석유 자원이
메말라 가고 있어요

세계에서 제일 부자는 누구일까요?

맞아요! 마이크로소프트를 창업한 빌 게이츠나 투자의 귀재라고 불리는 워런 버핏 등을 떠올릴 거예요. 하지만 그들만큼이나 우리에게 부자로 알려진 사람이 있는데 바로 만수르예요. 만수르는 아랍에미리트의 왕족이기도 하지만, 그가 부자인 이유는 석유 회사의 회장이기 때문이죠.

석유는 오랜 기간 동안 없어서는 안 될 아주 소중한 자원이었어요. 석유가 매립되어 있는 국가는 그만큼 많은 돈을 벌 수 있었죠. 아쉽게도 우리나라에서는 석유가 한 방울도 나지 않아요. 하지만 이제는 아쉬워하지 않아도 될 것 같아요. 왜냐하면 전 세계에 매장된 석유 자원이 점점 고갈되고 있고, 과학자들이 석유를 대체할 물질을 찾고 있기 때문이죠.

바로 석유를 대체할 물질을 개발하고 활용하는 바이오가 화이트바이오예요.

지금과 같은 속도로 석유를 사용한다면 약 40년 후에는 석유 자원이 고갈된다고 해요. 그래서 새로운 석유 매립지를 찾고, 더 깊은 땅속에 있는 석유를 캐낼 기술도 발전하고 있죠. 하지만 석유를 대체할 물질을 찾아야만 해요. 왜냐하면 환경 때문이에요. 자동차와 공장에서 배출되는 온실가스로 인해서 지구 온난화가 급격하게 진행되고 있어요. 특히 우리나라는 온실가스 배출량이 많은 국가 중 하나이기도 해요.

지구 온난화뿐만 아니라 석유·석탄 등의 화석연료를 사용하여 만들어진 플라스틱 때문에 지구의 토양이나 공기, 그리고 동물과 식물들이 직접적으로 공격받고 있어요.

우리가 살고 있는 지구, 그리고 지구에서 우리와 함께 살아가는 동물과 식물을 위해서라도 화이트바이오의 역할이 아주 중요해졌어요.

여기서 잠깐

화석연료와 지구 온난화

화석연료는 아주 먼 옛날 지구에 살았던 생물체의 잔해가 오랜 시간 동안 땅속에 묻혀 오늘날 에너지원으로 사용되는 물질을 의미해요.

화석연료의 종류로는 석탄, 석유, 천연가스 등이 있어요.

화석연료는 산업을 발전시키고 우리 생활 속에서도 없어서는 안 될 고마운 존재라는 것은 분명해요.

하지만 무분별한 개발과 산업 발전으로 인하여 그동안 인간에게 큰 도움을 주었던 화석연료가 지구와 인류를 위협하고 있어요.

화석연료를 사용하면 이산화탄소가 발생하는데, 이산화탄소는 지구 온난화의 주범인 온실가스의 대표적인 물질이에요.

온실가스는 태양으로부터 온 열기가 지구 대기권을 빠져나가지 못하게 하여 지구 온도가 높아지는 현상, 즉 지구 온난화를 일으키는 기체를 의미해요.

온실가스로는 이산화탄소, 메탄, 아산화질소 등이 있는데, 그중에서도 이산화탄소가 차지하는 비중은 80퍼센트가 넘는답니다.

쓰레기가 화석연료를 대체할 에너지 자원이라고?

하루에도 어마어마하게 쏟아지는 쓰레기를 인간과 환경에 이롭게 활용할 수 있다면 어떨까요?

땅에 묻히면 토양을 오염시키고, 불로 태우면 공기를 오염시키는 쓰레기들이 오늘날에는 에너지 자원으로 변신하고 있어요. 이렇게 에너지로 바꿀 수 있는 쓰레기를 **바이오매스(Biomass)** 라고 불러요.

원래 바이오매스는 물속에 사는 식물이나 육지에 사는 나무, 풀, 그리고 열매 등 동물과 식물들로부터 얻어 낼 수 있는 물질을 의미해요. 하지만 화이트바이오 산업이 발전하면서 바이오매스는 그 범위가 더 넓어져 지금은 음식물 쓰레기나, 가축의 똥과 오줌 등 화석연료를 제외한 에너지원이 될 수 있는 모든 것을 의미해요.

그만큼 바이오매스는 화이트바이오에서 빼놓을 수 없는 중요한 자원이에요.

그렇다면 도대체 왜! 바이오매스의 좋은 점이 무엇이기에 과학자들이 연구를 하고 있는 걸까요?

바이오매스의 가장 큰 장점은 그 양이 무한대라는 거예요. 화석연료의 자원으로 사용되는 석유와 석탄은 그 양이 정해져 있어 언젠가는 바닥을 드러낼 거예요. 하지만 바이오매스는 지구상에 인간이 생활하고 동물과 식물이 존재하는 한 절대 고갈되지 않는 자원이죠.

또 바이오매스는 환경오염을 예방해요. 쓰레기를 재활용하는 것은 물론이고, 바이오매스를 활용해서 만든 에너지를 사용하면 환경을 오염시키는 유해한 물질을 줄일 수 있어요. 특히 탄소 중립을 목표로 하는 모든 국가들에게 바이오매스의 역할은 더욱 중요해졌어요.

여기서 잠깐

탄소 중립이 뭐예요?

바이오매스를 이용해서 생산한 에너지를 사용하더라도 이산화탄소가 발생하지 않는 것은 아니에요.

하지만 여기서 발생하는 이산화탄소의 양은 화석연료를 사용할 때 발생하는 양보다 매우 적고, 바이오매스로 사용되는 식물이 자라면서 흡수하는 이산화탄소의 양과 동일해요.

그래서 최종적으로 배출되는 탄소의 양은 0이 돼요. 이 현상을 탄소 중립이라고 해요. 우리나라를 포함한 전 세계 여러 국가들은 2050년까지 탄소 중립을 이루어 내겠다는 목표를 가지고 열심히 노력하고 있어요.

배출되는 탄소의 양 = 식물이 흡수하는 탄소의 양
➡ 총 배출되는 탄소의 양 = 0

만약 화이트바이오가 없어서 지구 온난화를 막을 수 없다면 어떤 일들이 일어나게 될까요?

먼저, **이상기후**를 경험하게 될 거예요. 지구 온난화는 단순히 지구가 뜨거워지는 게 아니에요. 강력한 태풍이 자주 발생하고, 장마가 길어지는 등의 자연재해가 발생할 거예요.

북극에 꽁꽁 얼어 있던 빙하가 녹으면서 해수면도 높아지죠. 그렇게 되면 해변에 있는 나라들은 영토가 물에 잠기게 되고 주민들은 이삿짐을 싸서 대피해야 할 거예요. 삶의 터전을 잃게 되죠. 뿐만 아니라 지구 온난화가 계속되면 사막이 더 넓어지기도 해요. 그리고 동물과 식물들이 높아진 온도와 기후 변화에 적응하지 못해 살기 힘들어질 거예요. 그렇게 되면 우리 인간도 먹고살 수 있는 식량이 줄어들겠죠.

이 밖에도 지구 온난화로 입을 수 있는 피해가 많이 있는데 친구들도 한번 생각해 보기를 바라요.

용어 사전

바이오매스 : 바이오연료를 만들기 위해 사용할 수 있는 모든 생물체. 최근에는 가축의 분뇨와 음식물 쓰레기 등도 바이오매스로 인정받고 있음.

이상기후 : 기온이나 눈·비 등의 날씨가 정상적인 상태를 벗어난 기후.

바이오 연료로
무공해 자동차를 운전해요

매연을 배출하지 않는 깨끗한 자동차를 볼 수 있는 날이 가까워지고 있어요.

전기로 가는 전기차, 수소로 가는 수소차를 들어 본 적 있나요? 점점 고갈되고 있는 석유를 대체하고 환경오염을 막기 위해 개발된 차들이에요. 가끔 하얀색이 아닌 파란색 번호판을 단 자동차를 본 적이 있을 거예요. 파란색 번호판이 달린 차는 수소차나 전기차를 의미해요.

하지만 전기차와 수소차에도 단점이 있어요. 기존의 자동차와는 작동 원리가 완전히 다르기 때문에 모든 것을 새로 개발해야 한다는 점이죠.

이 단점을 해결할 수 있는 자동차가 바로 바이오 연료로 움직이는 자동차랍니다. 바이오 연료는 바이오매스를 이용해서 만든 연료인데 기존에 타고 다니던 자동차를 조금만 개조하면 바로 사용이 가능하다는 장점이 있어요. **바이오 연료는 크게 바이오 에탄올과 바이오 디젤로 나누어져요.**

주유소에 가면 자동차 종류에 따라 휘발유와 디젤을 넣게 되어

있어요. 바이오 에탄올은 휘발유를 대신할 수 있고, 바이오 디젤은 디젤을 대신할 수 있는 **친환경 연료**예요.

이 2개의 바이오 연료 모두 바이오매스 중에서도 식물을 사용해서 만들 수 있어요. 바이오 에탄올은 사탕수수, 밀, 옥수수, 감자, 보리 등 녹말 성분이 풍부한 식물로 만들고, 바이오 디젤은 참깨, 들깨, 땅콩 등 기름 성분이 풍부한 식물로 만든다고 해요.

특히 우리가 좋아하는 호떡이나 튀김을 만들 때 사용하고 버리는 폐식용유로도 바이오 디젤을 만든다고 해요. 그야말로 토양을 오염시키기만 하던 쓰레기로 자동차를 움직이게 할 수 있다는 건 놀라운 일이에요.

바이오 에탄올
사탕수수, 밀, 옥수수, 감자
(녹말 성분이 많은 식물)

바이오 디젤
참깨, 들깨, 땅콩
(기름 성분이 많은 식물)

그렇다면 바이오 연료는 어떻게 생산되는 걸까요?
바이오 연료는 앞에서 보았던 발효 과정을 통해 만들어져요. 바이오 에탄올과 바이오 디젤을 만드는 데 사용되는 옥수수, 밀, 보리, 콩, 해바라기 씨 등을 아주 큰 공장에서 발효를 시킨답니다.

석유나 석탄을 채취하여 화석연료를 생산하는 과정과는 달리 바이오 연료가 생산되는 과정은 아주 깨끗해서 환경오염을 일으키는 물질이 발생하지 않아요.

이렇게 생산된 바이오 연료를 휘발유나 일반 디젤과 조금만 섞어서 사용하기만 해도 환경오염 물질을 아주 많이 줄일 수 있다고 해요.

현재 바이오 연료는 기존의 휘발유나 디젤과 혼합하여 많이 사용하고 있어요. 그리고 바이오 연료의 비율을 점차적으로 늘려 나가려고 전 세계가 노력하고 있죠.

바이오 에탄올의 경우 사탕수수의 최대 생산지인 브라질이 다른 국가들보다 많이 사용하고 있어요. 이미 휘발유에 바이오 에탄올을 30퍼센트 가까이 섞어서 사용하고 있는데, 이로써 휘발유 사용을 무려 42퍼센트나 줄일 수 있었다고 해요.

바이오 디젤은 오스트리아, 폴란드, 독일 등 유럽 국가들이 많이 사용하고 있어요. 이에 비하면 우리나라는 아직 많이 뒤쳐진 상태이지만, 늦은 만큼 바이오 연료의 상용화를 위해 더 많이 노력하고 있죠.

하지만 바이오 연료가 누구에게나 환영 받는 것은 아니에요. 지구 어딘가에서는 식량이 부족해 굶어 죽는 친구들이 많이 있어요. 그 친구들을 생각하면 식량이 될 수 있는 식물을 가지고 자동차 연료를 만드는 것이 과연 옳은 행동인지는 한번 생각해 볼 필요가 있어요.

용어 사전

바이오 연료 : 바이오매스를 원료로 하여 친환경 공정인 발효를 통해 생산하는 연료. 바이오 에탄올과 바이오 디젤이 있음.

이탈리아와 독일의 경우 도심을 운행하는 대형 버스는 100퍼센트 바이오 연료를 사용하도록 법으로 제정되어 있어.

옥수수로 플라스틱을 만들어요

플라스틱은 우리 생활에 없어서는 안 되는 고마운 존재죠. 어느덧 인간이 플라스틱을 쓰기 시작한 지도 100년이 되었어요. 플라스틱 덕분에 우리의 생활은 편리해졌지만 지구가 오염되고 있고 동물과 식물들은 점점 더 고통을 받고 있다는 사실을 알고 있나요?

플라스틱은 재활용도 되는데 환경을 파괴하는 원인이라고요? 우리가 100개의 페트병을 버리면, 그중 80개는 땅속에 묻고 10개는 불에 태워서 버리고 있다고 해요. 그래서 실제로 재활용되는 페트병은 고작 10개, 즉 10퍼센트밖에 되지 않아요. 나머지 90퍼센트는 우리 지구를 오염시키고 있다니, 너무 끔찍하죠?

땅속에 묻은 플라스틱이 분해되어 썩기까지는 최소 500년에서 1,000년 정도가 걸린다고 해요. 썩는 동안, 그리고 썩고 나서도 지구를 오염시키는 플라스틱을 줄이기 위해서 전 세계가 방법을 찾으려고 연구하고 있어요.

최근에는 인간이 버린 플라스틱으로 바다 생물들이 고통 받고 있는 사진이나 영상이 기사로 소개되거나 다큐멘터리로 방영되어 플라스틱 사용에 대한 경각심을 일깨우고 있어요. 그래서 탄생한 것이 바로 **바이오 플라스틱**이에요!

바이오 플라스틱은 생분해성 플라스틱과 바이오 베이스 플라스틱, 두 종류가 있어요.

바이오매스의 함량에 따라 2개로 구분할 수 있어요. 바이오매스 함량이 50~70퍼센트이면 생분해 플라스틱이고, 20~25퍼센트이면 바이오 베이스 플라스틱이라고 해요. 바이오매스의 함량 외에도 두 가지 플라스틱의 차이는 여러 가지가 있는데 아래 표에서 확인해 봐요.

	생분해성 플라스틱	바이오 베이스 플라스틱
바이오매스 양	50~70% 이상	20~25% 이상
장점	빠르게 분해된다	생산 과정에서 배출되는 오염물질이 적다
단점	값이 비싸다	분해 속도가 느리다
종류	PLA (Poly Lactic Acid)	바이오 PET*, 바이오PP*, 바이오 PE*

* PET: Polyethylene terephthalate / PP: Polypropylene / PE: Polyethylene

바이오 플라스틱이 개발되고 사용되기 시작한 것은 그리 오래된 일이 아니에요.

현재 가장 널리 사용되는 바이오 플라스틱은 옥수수 전분을 발효시켜 만든 **PLA(Poly Lactic Acid)**라는 물질이에요.

왠지 낯설게 느껴질지 모르겠지만 아마 한번쯤은 친구들도 모르는 사이 사용했던 적이 있을 거예요. 이미 카페나 식당에서도 **PLA**로 만든 빨대나 컵을 사용하고 있거든요.

기존의 플라스틱과는 달리 우리 몸과 환경을 아프게 하는 환경호르몬을 방출하지 않고, 땅속에서 빠른 시간 내에 쉽게 분해돼요. 하지만 아직은 열에 약하고 강한 압력을 잘 견디지 못하기 때문에 모든 플라스틱을 대체하기에는 무리가 있다고 해요. 우리나라의 여러 대기업에서도 바이오 플라스틱의 잠재가치를 인지하고 연구·개발에 많은 돈을 투자하고 있어요.

머지않아 우리 주변의 모든 플라스틱이 깨끗한 바이오 플라스틱으로 바뀌는 날이 올 거예요.

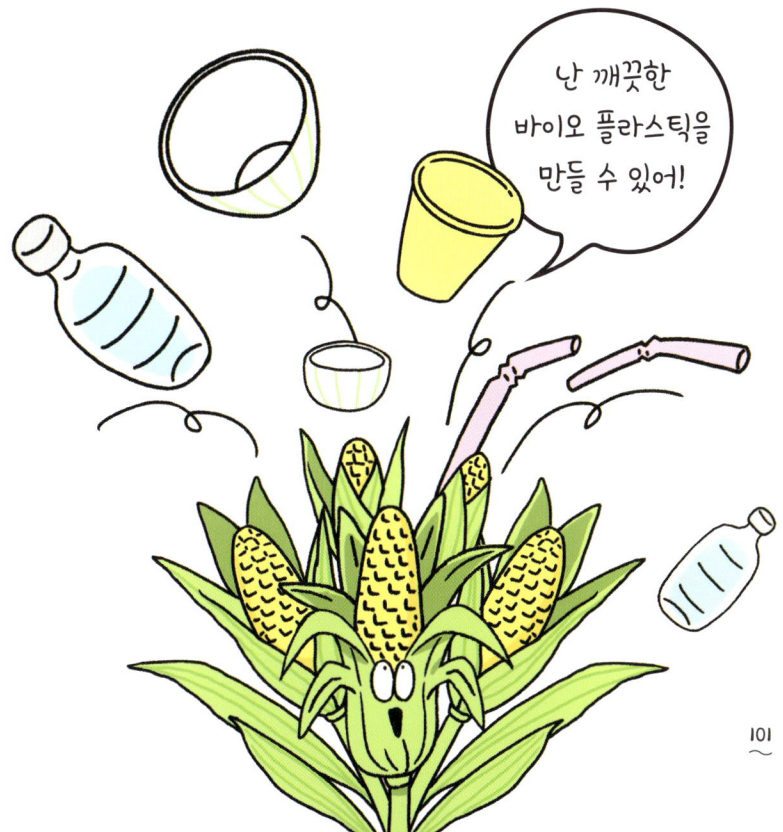

친환경 섬유와 세제로 환경을 보호해요

섬유는 우리가 입는 옷에만 사용하는 게 아니에요. 자동차 내부 인테리어, 인공 잔디, 카펫 등 실생활에서 우리가 접촉하는 많은 물건들이 섬유로 만들어지는데, 앞에서 보았던 PLA로 친환경 섬유도 만들 수 있어요.
이미 국내 자동차 회사를 포함해서 세계적인 자동차 회사들은 자동차 내부 인테리어에 들어가는 천을 바이오 섬유를 이용해서 만들고 있어요. 뿐만 아니라 환경 호르몬을 배출하지 않는다는 장점 때문에 특히 갓난아기를 위한 이불, 유모차, 수건 등에 바이오 섬유를 많이 사용하고 있답니다.

옷을 세탁하거나 그릇을 닦는 세제에는 화학 성분이 많이 들어있어요. 화학 세제는 찬물에서 잘 녹지 않기 때문에 에너지를 써서 뜨거운 물을 사용해요. 가장 큰 문제는 세제가 물에 녹아 하수구로 흘러 들어가면 심각한 환경오염을 일으킨다는 사실이에요.

인간의 건강과 환경을 위협하는 화학 세제를 화이트바이오가 해결했어요. 생물체에서 얻을 수 있는 효소나 식물의 씨앗 추출물을 활용해서 만든 친환경 바이오 세제는 찬물에도 잘 녹고 세정 능력도 우수해요. 뜨거운 물을 사용할 필요가 없기 때문에 전기 에너지의 사용을 80퍼센트나 절약할 수 있다고 해요.

배수관을 통해 강과 바다로 배출되어도 물을 오염시키지 않고 수중 생물에도 해를 입히지 않기 때문에 매우 친환경적이에요.

옷에 색을 내기 위한 염색 과정에도 건강과 환경을 위협하는 화학약품이 많이 사용되죠. 예를 들어 청바지의 청색을 내는 데도 여러 가지 화학약품이 들어간다고 해요. 하지만 이제는 화학약품을 대신하여 생물체로부터 추출한 바이오 효소를 사용하여 염색을 할 수 있다고 해요. 이렇게 바이오 효소를 활용하여 염색하면 의류나 침구에 예쁘게 색을 입혀 줄 뿐만 아니라 원단 자체에 있는 먼지와 불순물도 없애 줘요.

화이트바이오는 지구와 인류 모두를 위한 바이오예요!

네 번째 이야기. 화이트바이오, 친환경 세상을 만들어요

이것만은 알고 가자

파리 기후 변화 협약

파리 기후 변화 협약(Paris Climate Change Accord)은 지구 온난화의 원인이 되는 온실가스의 배출을 감축시키기로 여러 국가들이 모여 약속한 합의 사항이에요.

이전까지는 교토 의정서라는 것이 있었는데 교토 의정서는 선진국에게만 온실가스 감축 의무를 부여했었어요. 하지만 파리 기후 변화 협약은 우리나라를 포함해 총 195개 국가가 참여하고 법적 구속력이 있는 전 세계적인 약속이었답니다.

파리 기후 변화 협약은 국가별로 스스로 감축 목표를 설정하도록 하고 있어요.

예를 들어 우리나라는 2030년 온실가스 배출 예상치보다 37퍼센트 감축하기로 약속했고, 유럽연합(EU)은 1990년 배출량 대비 40퍼센트 감축하겠다고 했지요.

온실가스를 줄이기 위한 방법에는 여러 가지가 있지만 바이오매스를 이용해서 생산한 에너지를 사용하는 것도 한 가지 방법이랍니다.

2019년에 도널드 트럼프 전 미국 대통령이 잠시 파리 기후 변화 협약을 탈퇴하였던 적도 있었지만, 2021년 1월 조 바이든 미국 대통령이 다시 협약에 가입함으로써 전 세계적인 지구 온난화 예방 노력은 계속되고 있어요.

교토 의정서는 2020년에 만료되었고, 파리 기후 변화 협약은 2021년 1월부터 전 세계 195개국에 적용된답니다.

이것만은 알고 가자

여러 국가의 플라스틱을 줄이기 위한 노력들

 **한국**

2018년부터 커피 전문점 등 매장 내에서 플라스틱 컵을 사용하지 못하도록 권유하고 있어요. 2019년부터는 마트에서 비닐봉지를 사용할 수 없다고 해요.

이 외에도 2030년까지 플라스틱 사용을 50퍼센트로 줄이는 것을 목표로 여러 가지 정책을 만들고 있답니다.

미국

캘리포니아에서는 2019년부터 패스트푸드 식당을 제외한 모든 곳에서 플라스틱 빨대 사용을 금지하고 있어요.

시애틀에서는 이미 2010년부터 식당에서의 스티로폼 사용을 금지하고 있고, 뉴욕에서도 2019년부터 스티로폼 사용을 법적으로 금지하고 있어요.

영국

2019년부터 플라스틱 빨대와 면봉, 접시 등의 사용을 금지하고 있어요. 식당에서도 손님이 특별하게 요청하지 않는 이상 플라스틱 빨대를 이용할 수 없다고 해요. 이 정책은 유럽 전 국가로 퍼져 나가고 있어요.

프랑스

일회용 비닐봉지 사용을 규제하고 있는데 바이오매스가 30퍼센트 이상 포함된 비닐만 사용할 수 있어요. 추가로 2020년 1월부터는 플라스틱 접시, 면봉, 컵을 사용할 수 없고, 2021년부터는 플라스틱 빨대와 식기도 사용하지 못할 거라고 해요.

다섯 번째 이야기

블루바이오 바다는 우리에게 무한한 자원을 제공해요

지구의 70퍼센트는
바다로 이루어져 있어요

지구 표면의 70퍼센트는 바다로 채워져 있어요. 더 놀라운 사실은 **지구상에 존재하는 모든 생명체 중에서 무려 80퍼센트가 바다에 살고 있다는 사실이에요.** 그럼에도 불구하고 우리가 자원으로 활용하고 있는 바다 생물은 고작 1퍼센트에 불과할 정도로 우리에게 바다는 아직 미지의 세계예요. 생선, 김, 조개 등 해산물을 많이 알고, 또 자주 먹고 있는데 아직도 모르는 생물체가 많이 있다는 사실이 신기하죠?

바다에 대해서 아직도 모르는 게 많은 데에는 이유가 있어요. 아주 깊은 바닷속에 들어가려면 값비싼 장비와 인력이 필요하고 시간이 많이 투자되어야 하기 때문이에요. 또한 수심 6천 미터 이상의 깊은 바닷속으로 들어가 탐사를 해도 끄떡없는 잠수정을 만드는 기술도 필요하겠죠?

그렇기 때문에 바다 생물과 생명공학 기술이 만나서 탄생한 블루바이오도 아직은 많은 발전이 이루어지지 않았어요. 그래서 바이오 산업 전체에서 블루바이오가 차지하는 비중은 불과 10

퍼센트 정도랍니다.

하지만 그만큼 새롭게 발견할 것도 많고, 또 발전할 가능성이 무궁무진한 분야임에 확실해요. 특히 삼면이 바다로 둘러싸인 우리나라는 블루바이오 산업을 육성하기에 아주 좋은 지리적 요건을 가지고 있기 때문에 기대가 되는 산업이에요.

해양 바이오라고 부르기도 하는 블루바이오는 크게 4가지 분야로 나눌 수 있어요. **먼저, 바이오 연료를 만드는 에너지 분야가 있어요.** 화이트바이오에서 알아본 바이오 연료와 똑같지만 육지 식물이 아닌 해양 식물을 이용한다는 차이가 있어요. 오히려 육지의 바이오매스를 활용하는 것보다 해양 바이오매스를 이용하여 바이오 연료를 만드는 것이 장점이 많아요. **두 번째는 의약품 분야예요.** 해양 생물이 가지고 있는 물질을 추출해서 만든 약으로 아픈 환자들을 치료하고 있어요.

세 번째로 우리가 먹는 음식과 관련된 식품 분야가 있어요. 해양 생물들을 더 튼튼하고 빨리 자라도록 해서 식량 문제를 해결하려고 하고 있어요.

마지막으로는 **우리 주변에서 많이 사용하는 플라스틱 등의 화학제품과 화장품 분야가 있답니다.**

그럼 오늘날 블루바이오가 우리에게 어떤 것을 제공해 주고 있는지 하나하나 알아볼까요?

바이오 연료

화학제품, 화장품

블루 바이오

식품

의약품

다섯 번째 이야기. 블루바이오, 바다는 우리에게 무한한 자원을 제공해요

해양 식물은 주목받는 친환경 에너지 재료예요

조류라고 들어봤어요? 조류라고 하면 우리는 보통 하늘을 날아다니는 새를 가장 먼저 떠올려요. 하지만 조류는 바닷속에 살고 있는 식물들 중에서도 아주 단순한 생리작용으로 살아가는 식물을 의미하기도 해요. 우리가 좋아하는 미역이나 김, 다시마도 조류의 한 종류예요. 이렇게 눈에 보일 정도로 큰 조류를 거대 조류라고 하고, 플랑크톤과 같이 눈에 보이지 않는 조류를 미세 조류라고 해요.

특히 미세 조류는 친환경 에너지를 만들어 낼 수 있는 아주 고마운 친구들이에요. 옥수수나 사탕수수로 바이오 연료를 만드는 과정과 마찬가지로 **미세 조류를 발효시켜서 연료를 생산할 수 있는데, 이렇게 생산되는 연료가 바이오 디젤과 바이오 에탄올이에요.**

화이트바이오에서도 옥수수, 사탕수수 등을 이용하여 바이오 연료를 만들었어요. 하지만 사람들이 먹는 식량으로 연료를 생산하기 때문에 곡물 가격이 오르고, 가난한 국가의 굶주림은 더 심해질 수도 있다는 단점이 있었어요. 하지만 대부분이 쓰레기로 버려지는 미세 조류를 활용하여 연료를 만들면 그 단점을 보완할 수 있죠. 그렇기 때문에 세계적인 기업인 마이크로소프트 창업자 빌 게이츠와 미국의 거대 석유 업체인 엑슨모빌은 조류를 이용하여 연료를 만드는 업체에 수천억 원의 돈을 투자하기도 했어요.

여기서 잠깐

하늘을 나는 새 말고 바다에도 조류가 있어요

조류(Algae)는 바닷속에 사는 식물이에요.
아주 작은 플랑크톤부터 미역처럼 큰 것까지 종류가 매우 다양하죠.
크기에 따라서 미역처럼 큰 것은 거대 조류, 눈에 보이지 않는 것은 미세 조류라고 구분해요.
뿐만 아니라 조류가 가지고 있는 광합성 색소의 종류에 따라 녹조류, 홍조류, 갈조류 등으로 분류하기도 한답니다.

옥수수로 만드는 바이오 연료처럼 조류로 만드는 바이오 연료도 무공해 친환경 연료예요. 하지만 더 특별한 장점이 있어서 과학자들의 많은 주목을 받고 있어요.
과연 조류가 가진 특별한 장점이란 무엇일까요?
먼저, **사람이 식량으로 먹을 수 있는 육지 식물이 아닌 바닷속에 미세 조류를 사용해서 바이오 연료를 만들어요.** 지구 어딘가에서 굶주림에 고통 받는 아이들을 생각하면 식량을 사용해서까지 연료를 만드는 것은 옳은 일이 아닐 수도 있어요. 미세 조류는 이런 걱정을 덜어 줄 수 있지요.

또 **육지 식물과 비교해서 대량 생산이 가능하기 때문에 더 많은 에너지를 생산할 수 있어요.**
과학자들이 같은 면적의 땅과 바다에서 콩, 옥수수, 사탕수수 그리고 미세 조류를 재배하여 에너지를 생산하는 것을 시뮬레이션해 봤어요. 그랬더니 아주 놀라운 결과가 나왔어요. 콩이 1만큼의 에너지를 생산했다면 미세 조류는 무려 40만큼의 에너지를 생산할 수 있었어요. 그렇기 때문에 미세 조류를 활용해서 에너지를 개발해 사용하고자 하는 노력이 세계 곳곳에서 일어나고 있어요.

다섯 번째 이야기. 블루바이오, 바다는 우리에게 무한한 자원을 제공해요

바다 생물로
아픈 환자를 치료해요

바다 생물만이 가지고 있는 물질에 바이오 기술을 적용하여 여러 가지 질병을 진단하거나 치료하는 약을 만들 수 있어요. **대표적인 약으로는 2005년 미국에서 개발한 프이알트라는 진통제가 있어요.**
아열대 바다에서 사는 **청자고동(일명 바다 달팽이)**이라는 동물이 있어요. 이 바다 달팽이는 먹이를 잡을 때 독침을 사용하는데, 이 침을 맞은 먹잇감은 몸이 굳어서 도망칠 수 없다고 해요. 바로 이 독침이 가지고 있는 독성 물질을 사용하여 만든 진통제가 프리알트라는 약이에요.

바다 달팽이 말고도 해면, 산호, 멍게, 이끼벌레 등 여러 해양 동물들은 적으로부터 자신을 보호하거나 먹잇감을 얻기 위해 독소를 가지고 있어요. 과학자들은 이러한 독소들을 활용하여 진통제뿐만 아니라 바이러스를 죽이는 항바이러스제, 암세포 증식을 억제하는 항암제, 면역계에 이상이 생긴 것을 고쳐 주는 면역 조절제 등을 만들 수 있다는 사실을 알아내기도 했어요.

더욱이 2005년 미국에서 1만 9천 명을 죽게 한 아주 나쁜 균인 황색포도상구균을 죽일 수 있는 물질을 바다 생물에서 발견했을 만큼 바다는 아직 우리가 발견하지 못한 새롭고 이로운 많은 물질들을 가지고 있어요.

여기서 잠깐

초강력 진통제 프리알트

블루바이오 산업에서 손꼽히는 대표적인 성공 사례가 바로 프리알트의 개발이에요.

프리알트는 2005년 미국의 유타 대학에서 바다 달팽이(청자 고동)의 독성 물질을 이용하여 만든 진통제인데, 기존의 진통제인 모르핀보다 통증 경감 효과는 천 배 이상 강하면서도 중독성은 없다고 해요.

출시된 지 6개월 만에 약 6천만 달러(현재 가치로는 약 800억 원)의 매출을 기록했는데, 일본의 제약회사인 에자이(Eisai)는 이 약을 유럽에 팔 수 있는 권리를 구입하기 위해 무려 1억 달러를 지불했다고 해요.

바다 생물을 이용해 만든 약을 몇 개 더 알아볼까요?.

잠을 잘 자지 못하는 병을 불면증이라고 하죠? 수면 유도제는 불면증이 있는 사람들이 편안하고 깊게 잠을 잘 수 있도록 도와주는 약이에요. **미역과 비슷하게 생기고 바다에서 자라는 감태가 바로 불면증 치료제로 각광받고 있어요.** 감태에 들어 있는 플로로타닌이라는 성분이 우리 몸속에 수면을 조절하는 물질과 결합하여 깊은 잠을 잘 수 있도록 도와준다고 해요.

또 **스피룰리나라고 하는 해조류는 우리 몸속의 노폐물을 배출해 주는 성분을 가지고 있어요.** 특히 피부의 노폐물을 배출하게 해서 여드름이나 피부 트러블을 예방해 주는 효과가 있어요. 그래서 스피룰리나를 활용하여 여드름 연고도 만들고 있답니다. 뿐만 아니라 필수 영양소를 모두 가지고 있는 완전 식품이기 때문에 **미국 항공우주국(NASA)** 에서는 스피룰리나를 이용해서 우주에서 먹는 식량을 개발하고 있기도 해요.

마지막으로, 우리나라에서는 최근에 홍합을 이용해서 의료용 접착제를 개발하기도 했어요. 홍합은 '족사'라는 물질을 분비하는데, 이 물질은 125킬로그램

까지 들어올릴 수 있을 정도로 접착력이 강해요. 상처가 나면 의사선생님이 치료 후 실로 꿰매 주죠? 하지만 실로 꿰매는 것은 피부에 염증을 일으킬 수도 있기 때문에 연약한 피부에는 위험하기도 해요. 홍합의 족사를 원료로 하여 만든 접착제를 이용하면 자연 유래 성분이기 때문에 염증 걱정도 없고, 상처도 더 빨리 아문다고 해요. 피부뿐만 아니라 장기를 봉합하는 데에도 사용할 수 있어요.

여기서 잠깐

약의 원료가 되는 바다 생물로는 무엇이 있을까요?

감태 : 불면증 환자가 편안하고 깊은 잠을 잘 수 있도록 수면 유도제를 만드는 재료로 사용돼요.

스피룰리나 : 피부 트러블을 예방하는 효과도 있지만 영양소도 풍부해 우주 식량으로도 개발 중이에요.

홍합 : 염증 없이 상처가 빨리 아물도록 상처 부위를 봉합해 줄 수 있어요.

무한한 바다 생물로
넘치는 식량을 만들어요

그린바이오에서 병충해의 공격에도 죽지 않고 튼튼하게 자라나는 슈퍼 농작물을 기억하나요?

블루바이오에도 슈퍼 농작물이 있어요. 그린바이오는 우리가 먹는 식량 중에서 육지에서 자라는 것들에 생명공학 기술을 적용했는데, 블루바이오는 바다에서 자라는 바다 생물들에게 생명공학 기술을 더하여 생물이 걸릴 수 있는 여러 질병에 대한 면역력을 키우고, 더 빠르게 자라나게 해요.

이렇게 튼튼하면서도 빠르게 자라난 생선, 조개, 미역과 같은 식량들은 결국 우리 식탁에 올라와 맛있는 반찬이 돼요. 이미 식량 자원이 풍부한 바다에서 더 많은 식량을 얻어 낼 수 있도록 해주는 바이오는 알면 알수록 놀랍고 고마운 존재죠?

최근에는 바이오 기술을 활용한 친환경 양식 방법인 **바이오플락 기술(Biofloc Technology)**이 주목받고 있어요. 양식은 수산물을 인공적으로 길러 번식하게 만드는 것을 의미해요. 양식을 통해 멸종 위기에 처한 바다 생물을 보존하기도 하고 풍부한 식량을 제공하기도 하죠. 하지만 양식할 수 있는 공간이 제

한적이어서 생산량에 한계가 있고, 물을 자주 갈아 주어야 해요. <u>바이오플락 기술은 양식 생물들과 함께 미생물을 기르는 기술이에요.</u> 미생물은 양식 생물들의 배설물과 사료의 찌꺼기 같은 오염물질을 분해하면서 성장하는데, 성장한 미생물은 양식 생물의 밥이 된답니다. 물을 정화시키고 바다생물의 먹이도 되는 미생물 덕분에 더 쉽고 효율적인 양식이 가능하게 되었어요.

여기서 잠깐

양식업의 혁명, 바이오플락 기술

바이오플락 기술은 미생물과 양식 생물을 함께 키워 미생물이 양식 생물의 배설물과 사료 찌꺼기 등 오염물질을 분해하도록 하는 기술이에요. 성장한 미생물은 하나의 군집을 형성하게 되는데, 그것을 바이오플락이라고 불러요. 바다 생물은 바이오플락을 먹을 수 있기 때문에 사료도 아끼고 물도 아낄 수 있어요. 뿐만 아니라 같은 면적에서도 기존의 양식 방법보다 더 많은 양의 생물을 키울 수 있답니다.

최근 국내에서는 바이오플락 기술을 활용하여 기존보다 30배 많은 양의 메기를 양식하는 데 성공하기도 했답니다.

친환경 생활용품과 친환경 화장품도 있어요

본격적인 개발이 시작된 지는 그리 오래되지 않았지만 블루바이오는 이미 우리 생활 깊숙이 자리 잡고 있어요. 우리가 사용하는 비누, 치약 등의 생활용품과 화장품에서도 블루바이오를 찾아볼 수 있어요.

특히 **햇빛이 닿지 않는 수심 200미터 이상의 깊은 곳에 있는 해양 심층수가 화장품의 원료로 주목받고 있는데 해양 심층수에는 피부에 좋은 각종 미네랄 성분이 많이 있기 때문이죠.** 또 피부 미용에 좋다고 알려진 콜라겐도 생선 등 해양 생물로부터 추출할 수 있어요. 해양 심층수와 바다 생물에서 얻은 콜라겐을 가지고 비누 등 피부를 위한 생활용품과 화장품을 만들고 있어요.

국내에서는 해조류로부터 추출한 알긴산이라는 물질을 연구했는데, 이 알긴산은 기존에 육지에서 얻은 알긴산보다 중금속을 배출하는 능력이 훨씬 강력하다는 사실을 발견했어요. 중금

속은 피부나 체내에 쌓이면 암 같은 각종 질병을 유발하는데 특히 도심이나 미세먼지, 황사가 많은 곳에서 우리를 괴롭히는 물질이에요. 그래서 해조류로부터 얻은 알긴산을 활용하여 세안제 같은 화장품을 만들었어요.

뿐만 아니라 블루바이오도 화이트바이오와 같이 생분해성 플라스틱도 만들 수 있어요. 이 생분해성 플라스틱은 새우 껍데기에 들어 있는 키토산이라는 물질을 이용해서 만들었는데, 여태까지는 쓰레기로 버려지거나 비료 혹은 화장품 성분으로 사용되는 것이 전부였어요. 하지만 이 키토산을 활용해서 우수한 품질의 생분해성 플라스틱을 만들 수 있다는 사실을 미국 하버드 대학의 연구진이 발견하면서 우리가 바라는 친환경 세상에 한걸음 더 가까워지게 되었어요.

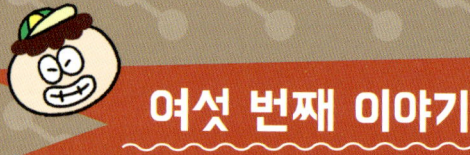
여섯 번째 이야기

제 꿈은 바이오 전문가예요

대한민국은
제조업 강국이에요

예부터 우리나라 사람들은 머리가 똑똑하고 손재주가 아주 뛰어났어요. 무엇이든 만들기만 하면 다른 나라보다 좋은 품질의 제품을 만들고, 만드는 속도도 월등히 뛰어나요. 그래서 우리나라 기업이 만드는 반도체, 자동차, 가전제품, 화장품, 선박 등은 세계적으로 인정받고 있어요. 이는 국가 경쟁력을 높이는 밑거름이 되고 있죠. 이렇게 각종 원재료에 물리적·화학적 작용을 가하여 물건을 만들고 판매하는 산업 활동을 제조업이라고 해요. 약 5천만 인구가 고작인 대한민국은 중국, 미국, 독일, 일본에 이어 세계에서 다섯 손가락 안에 드는 제조업 강국이에요. 특히 세계 여러 경제 전문가들은 우리나라 바이오의약품의 강세를 언급하면서 바이오가 대한민국 제조업의 큰 축을 담당할 것이라고 예측하고 있어요.

용어 사전

제조업 : '한국표준산업분류(KSIC)'에서 분류한 총 99개 산업 중 하나. 식료품 제조업, 자동차 제조업, 의약품 제조업 등 25개 종류가 있음.

여기서 잠깐

제조업 강국은 어디어디일까요?

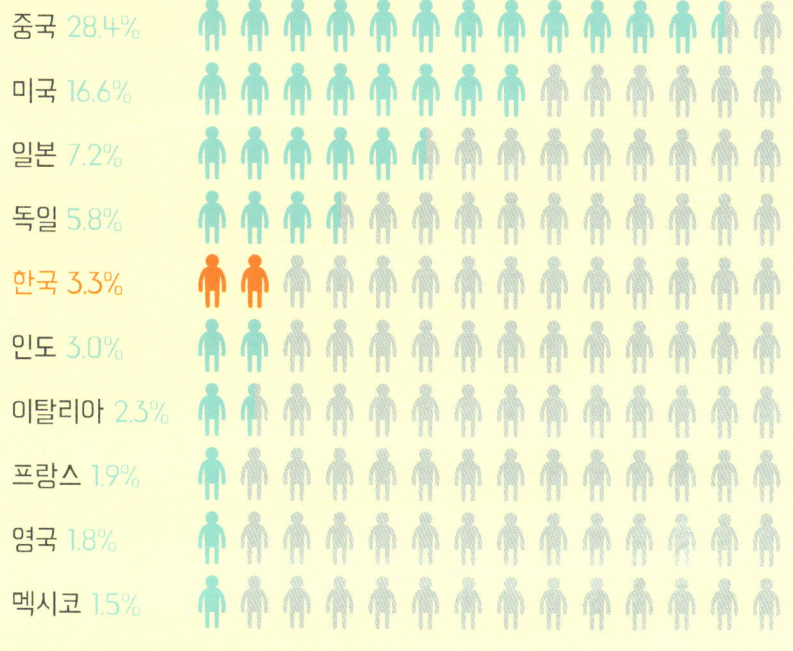

중국 28.4%
미국 16.6%
일본 7.2%
독일 5.8%
한국 3.3%
인도 3.0%
이탈리아 2.3%
프랑스 1.9%
영국 1.8%
멕시코 1.5%

〈2018년 유엔 통계처 발표 자료〉

중국은 전 세계 제조업 생산량의 약 28퍼센트를 책임지고 있어요. 인구가 많으니 당연한 결과이기도 해요. 이에 반해 인구가 현저히 적음에도 불구하고 전 세계 제조업의 3.3퍼센트를 차지하는 대한민국은 정말 대단한 거예요.

바이오 전문가가
되고 싶어요

세계에서도 손꼽히는 제조업 강국 대한민국! 그리고 그 제조업의 미래를 책임질 산업은 바로 바이오 산업이에요. 그렇다면 바이오 산업을 이끄는 바이오 전문가가 되기 위해서 친구들은 무엇을 준비해야 할까요?

상상력을 키워요

친구들이 바이오 전문가가 되기 위해 지금 가장 필요한 것은 상상력을 키우는 일이에요. 생각보다 어려운 일이 아니라서 놀랐나요?

앞에서 4가지 바이오를 알아봤어요. 바이오는 새로운 기술을 개발하는 것도 중요하지만, 개발된 기술을 어떻게 응용할지도 매우 중요해요. 앞에서 보았듯이 발효라는 아주 기초적인 생명공학 기술을 응용해서 가축을 건강하게 키우는 사료뿐만 아니라 화석연료를 대체하고 환경을 보호하는 바이오 연료, 그리고 친환경 플라스틱인 PLA도 만들었어요. 이처럼 발효라는 하나의 기술을 어떻게 사용하는지에 따라 무궁무진한 바이오 제품을 만들어 낼 수 있어요. 유전자를 원하는 대로 잘라내는 유전자 가위, 무엇으로든 자라날 수 있는 줄기세포, 그리고 바다 생물로부터 추출한 독소와 같은 물질을 이용하여 무엇을 만들어 낼 수 있을지는 여러분의 상상력에 달려 있답니다.

즐겁게 과학을 공부해요

바이오 기술을 올바르게 응용하기 위해서는 그 기술에 대한 이해가 필요하겠죠? 이해를 하기 위해서는 공부를 해야 한다는 사실은 부정할 수 없어요. 하지만 벌써부터 스트레스를 받아 가며 형, 누나들이 배우는 어려운 과학을 공부할 필요는 없어요. 우리 생활 속에서 과학을 공부해 보는 것은 어떨까요?

비 오는 날 기어 다니는 달팽이를 보고 땅에 딱 붙어 다닐 수 있게 만드는 물질은 과연 무엇인지 찾아보아요. 또 병원에서 맞는 예방주사가 내 몸속에 들어가면 어디로 이동해서 어떤 작용을 하는지 알아보아요. 인터넷이라는 아주 편리한 검색 도구가 있으니 절대 어려운 일이 아니에요.

여기서 잠깐

바이오 전문가가 되려면 학교에서 무엇을 공부해야 할까요?

바이오 전문가가 되어 약을 개발하기도 하고, 생산도 해보고 싶나요? 그렇다면 과학을 좋아해 보는 것은 어떨까요? 초등학교에서는 식물과 동물이 자라고, 태양과 달이 뜨는 것처럼 눈에 보이는 과학을 배울 수 있어요. 중학교에서는 사람의 몸을 구성하는 세포처럼 눈에 보이지 않는 과학을 배울 거고, 고등학생이 되면 생물, 화학, 물리처럼 세분화된 과학 분야를 공부할 수 있어요.

특히 생물과 화학을 좋아하고 공부하다 보면 친구들은 어느새 바이오 전문가가 될 준비를 마친 인재가 되어 있을 거예요.

인류를 위하겠다는 착한 마음가짐도 중요해요

바이오는 인간의 생명 뿐만 아니라 동·식물, 그리고 환경과도 아주 밀접하게 관련되어 있어요. 인류에게 도움을 주기 위한 산업이지만 자칫 잘못하면 큰 피해를 가져다줄 수도 있기 때문에 국가에서는 아주 철저하게 관리를 하고 있어요. 그래서 인류에게 입힐 피해를 예방하기 위해 수없이 많은 법을 만들어 바이오 산업을 규제하지요. 이렇게 국가에서 엄격하게 관리하는 산업을 규제산업이라고 부르기도 해요.

비록 법이 있지만 그보다 중요한 건 바이오 산업에서 일하는 사람들의 마음가짐이에요. 전 세계적으로 불고 있는 바이오 열풍을 악용하여 돈을 벌려는 나쁜 어른들이 많이 있어요. 이런 몇몇 어른들의 나쁜 행동들은 발전 가능성이 무궁무진한 바이오 산업에 대한 사람들의 믿음을 잃게 해요. 지구와 동물, 식물의 생명을 가지고 장난을 치면 안 되겠죠?

바이오 산업에서 일을 하고 싶은 우리 친구들만큼은 지금처럼 진정으로 인류와 지구를 위한 마음을 항상 간직하고 살았으면 좋겠어요.